企业大学运营体系及发展质量评价研究

Research on the Operation System and
Development Quality Evaluation of Enterprise University

李洪深　张　晶◎著

经济管理出版社
ECONOMY & MANAGEMENT PUBLISHING HOUSE

图书在版编目（CIP）数据

企业大学运营体系及发展质量评价研究/李洪深，张晶著 . —北京：经济管理出版社，2022.6

ISBN 978-7-5096-8510-5

Ⅰ. ①企…　Ⅱ. ①李…②张…　Ⅲ. ①企业—职工大学—研究—中国　Ⅳ. ①G726.84

中国版本图书馆 CIP 数据核字（2022）第 100076 号

组稿编辑：赵亚荣
责任编辑：赵亚荣
责任印制：黄章平
责任校对：蔡晓臻

出版发行：经济管理出版社
　　　　　（北京市海淀区北蜂窝 8 号中雅大厦 A 座 11 层　100038）
网　　址：www.E-mp.com.cn
电　　话：（010）51915602
印　　刷：北京晨旭印刷厂
经　　销：新华书店
开　　本：720mm×1000mm/16
印　　张：14.25
字　　数：224 千字
版　　次：2022 年 8 月第 1 版　　2022 年 8 月第 1 次印刷
书　　号：ISBN 978-7-5096-8510-5
定　　价：78.00 元

前　言

　　从第一所企业大学——通用电气公司（GE）克劳顿管理学院的创立，到随后百年间世界 500 强企业纷纷投建自己的企业大学，再到如今国内优秀企业大学迅速崛起，不禁让人格外关注这背后的原因究竟是什么。聚焦全球范围内的企业大学，无论是克劳顿学院的成功运作还是宝洁大学的卓越发展，都源于它们对企业大学的正确定位。事实上，企业大学的宗旨是提升员工的学习力和知识创造力，它是建立学习型组织的重要手段。它的目标是服务于企业战略，服务于组织绩效。

　　企业大学发展到一定阶段将会成为终身教育体系的关键一环。近年来，我国企业大学在市场经济越发繁荣以及科技水平不断提升的大背景下展现了其旺盛的生命力，取得了长足的进步，企业大学的建设及发展越来越快，运营质量持续提高。企业大学不仅使员工的综合能力素质得以增强，还在很大程度上增强了企业的竞争力，促进其战略目标的实现。虽然其包含培训的成分，但它却不仅仅充当培训的角色，而是具有除了培训之外更加丰富的功能和定位，也正因为如此，在激烈的培训市场中，企业大学才能够不断发展壮大。

　　从总体上来看，我国企业大学的发展水平还处于初级阶段，虽然一部分发展比较早的企业大学，例如海尔大学和平安大学经过长时间的摸索已经拥有具有自身特色的一套运行管理系统，但是就大多数企业大学而言，目前仍然处于刚刚起步阶段，缺乏市场化运作的思维，缺乏对培训体系的结构化以及人才发展体系的系统化认知。对于它们来说，如何定位、如何发展、在企业发展中充当什么样的角色、如何进行自身建设是亟须解决的问题。这些因素都对企业大学的发展质量有深远的影响。

本书借鉴了企业大学运营及其评价指标体系的国内外文献，首先从企业大学的发展历程出发，对企业大学的发展动因、发展阶段和发展趋势进行了深入的剖析，对企业大学的角色与功能、运营体系及问题分析等进行了研究。本书基于企业大学评价原则和评价方法的选择，对我国企业大学的发展实践进行了探索和总结，提出了企业大学发展质量评价步骤及方法。在评价指标体系和模型上主要借鉴了吴峰博士的场论模型，在对我国企业大学发展质量现状、运营体系、角色和功能深入分析的基础上，确定企业大学的基础性、静态性、动态性、目标性作为一级备用评价指标。根据文献综述和企业大学的运营体系，选取一级指标因素4个、二级指标因素12个、三级指标因素48个，构建了企业大学发展质量评价指标体系，建立了模糊综合评价模型，分析了山东省五所企业大学的发展质量，把握其面临的主要问题，探索其发展对策。

本书最后提出了企业大学的发展质量提升的优化路径：一是把握发展机遇，充分利用国家对企业大学的扶持政策，规范企业大学发展，同时利用信息技术创建有效的学习机制，构筑企业智力平台，打造学习型组织。二是强化战略导向，聚焦企业大学的赋能和支撑企业战略，敏捷响应业务需求。三是提升运营质量，打造以领导力为主的人才培养模式，创新课程建设理念，采取训战结合方式提供解决方案，实施以绩效支持为主的系统化评估。四是协同企业的人才管理，与企业人力资源管理体系完全配套，搭建整合性的人才培养体系。五是搭建非线性学习平台，探索自组织、自学习、自发展的模式，改变学习的路径和链接学习资源的方式。非线性学习平台能够实现基于共同任务、共同爱好和兴趣创建学习社群的功能。本书提出的建设性的对策与建议希望能够为我国企业大学的发展提供借鉴与参考。

目　录

第一章　绪论

第一节　研究背景和研究意义

一、研究背景

企业对社会公民的身份转化的需要催生了企业教育，成立企业大学便成为社会必然。普适性的大学培养的是全社会的人才，而企业大学培养的是符合企业需求的个性化人才。

企业大学并不仅仅存在于某一个地区或某一个国家，而是在全世界范围内都可以看到它的身影。第一所企业大学在北美出现，当时成立企业大学的初衷是想使培训部门更上一层楼，发展到现在，越来越多的企业家意识到，若想实现企业战略总目标以及使企业获得的利润最大化，企业大学是一个很好的选择。通过创立企业大学，使员工的素质得到提升，从而为企业做出更多的贡献，因此创建企业大学逐渐流行起来，而且创建后所收获的效果证明了企业大学存在的必要性和科学性。对于2010~2020年我国教育发展所要遵循的准则以及期望得到的效果，政府出台的一系列文件如《国家中长期教育改革和发展规划纲要（2010—2020年）》中都有所提及：到2020年，基本实现教育现代化，基本形成学习型社会，进入人力资源强国行列。这些文件的出台无疑表明了我国对于教育的重视以及我国的战略人力资源开发迈向了更高的发展阶段。2019年，国家发展改革委、教育部印发《建设产教融合型企业实施办法（试行）》，鼓励企业大学面向社会开展技术技能培训服务，为社会培育更多高技能人才。信息高速发展的背景对企业的运营提出了一定的要求，一个企业若想在内忧——内部管理和发展方针的制定以及外患——同领域其他企业的强势发展中生存下来并获得发展，就必须要提高自身的组织能力以及内部员工的综合素质。企业在发展过程中关键部门人才的数量和质量对企业未来发展趋势的影响越来越大，因此建立具有企业自身特色的员工培训体系就显得十分必要，完善的员工培训体系能使员工发挥其最大的价值，从而为企业发展创造更好的环境。

企业大学是当下企业教育培训的最高等级组织形式。在移动互联网时代背景下，企业学习相关的方方面面背景都在发生改变。例如，从社会层次切入不难发现，知识的更新换代速度明显加快，从产生、确定到认可再到不断地扩散，整体流程所需时间越来越短；从商业层次切入可以发现，越来越多的商业模式，如O2O、B2C等应运而生，模式自身的内部结构也在结合着商业背景不断地发生变化，这些不确定的因素同时导致了商业经营整体环境难以预测；从科学技术层次切入可以发现，高新技术的出现与成熟使社会整体和商业经营的一些模式在不断地发生着改变，并使改变的频率和速度大幅度提升；从职场特点切入可以发现，现在进入职场的大部分人属于"80后"或者"90后"，他们作为职场的主力军能够实现经济独立，因此他们成为主要的消费人群，再加上所处的时代和职场对他们的个人素质提出了新的要求，所以他们同时也是学习的主要人群。他们生来就处于互联网信息时代，追求自由以及渴望实现自我价值。因此，员工的特征以及变化也是我们在研究学习教育领域时不可忽视的一个重点。企业需要建立有针对性的、高效率的企业大学以应对诸如战略变革、企业文化变革和人力资源变革等挑战。

企业大学的运行机制逐渐成熟，其作用在公司发展过程中已经凸显出来。结合实际情况，相关学者推测今后企业大学的普及率会越来越高，越来越多的企业会意识到建设企业大学的重要性并把它作为企业文化中不可或缺的一个组成部分，甚至人们对企业大学的追随程度会超过我国传统意义上的大学。企业大学的建设目标如同它的名字一样，核心是为企业服务，使企业在员工综合素质方面占据优势，从而加速企业的发展，并使企业文化长久地流传下去。

为了适应时代的风云变幻以及时代对商业发展所做出的要求，企业必须审时度势确定好前进的方向和路线，这无形之中就对公司的员工提出了更高的要求，要求员工具有全局观念、极高的调整和适应能力等，而现实生活中并不是每位员工都具有这样的综合素质，所以还需要借助培训这一手段来进行提升，因此建立企业大学就显得十分必要。如今我们处于高速发展的互联网信息时代，互联网的普及使人们在过去几十年甚至几百年来一直坚持或者运行的一些准则逐渐变得黯淡无光，新的变化不断产生——企业面临着新的行业规则、新的商业模式、新的技术手段等，一切都开始变得不同。伴随着企业的转型，企业大学不再像过去那样聚焦后端，而是更开放、更系统，形成一个势能集合体，延续着商业社会的变与不变。

时代的变化对企业提出了一定的要求，为了追上时代的步伐，企业不得不做出一些改革，而企业的改革又对内部员工的综合素质进行了等级的限定，员工不仅要具有全局观念，从企业整体出发考虑问题，还要能快速适应改变，及时做出调整，而在现实生活中只有极少数的员工能同时具备这两种特质，所以对员工进行培训就显得尤为重要，因此企业大学应运而生。与此同时，企业大学又能反过来促使企业进行相应的改革，例如，企业大学会针对企业高层管理人员设置相关的课程，在课程进行的过程中，众多高层可以进行灵魂的碰撞，激发出更多的想法。企业大学对员工进行培训还有利于加强员工对企业文化、企业运行状况的了解程度以及对企业改革必要性的理解程度，减少企业改革道路上的"拦路虎"。企业创建企业大学的初衷是想借助这一平台实现企业经济效益最大化，在对培训活动进行评估时会将能够表明企业大学对企业效益产生影响的项目作为指标。以企业大学四角色模型为基础来对企业大学所扮演的角色进行分析：第一个角色是负责培训事务，主要体现在它会对员工进行培训并记录下员工每次参加培训的具体状况；第二个角色是关注员工发展，主要体现在了解员工所处的不同发展阶段，并针对处于不同阶段的不同员工设置不同的发展方案，使员工能够更快、更好地发展；第三个角色是业务合作伙伴，主要体现在关注业务往来和顾客的需求，能够为业务增长做出贡献；第四个角色是推动企业内部改革，在企业的变革时期能够发挥极大的作用，主要体现在通过对员工的知识普及加快员工对知识的吸收理解，从而促使员工进行创新，诱发有利的变革。

我国企业大学的运营体系正处于完善和规范时期。虽然企业大学的重心是培训员工，但它和以前企业设置的员工上岗前的培训部门有很大的区别，它不是以前培训部门的特级版本，而是一种新的存在形态。企业大学不像培训部门那样只注重员工培训后水平的提升程度，它更注重员工培训后企业整体效益的变化，它遵从的不仅是提高员工素质的准则，更遵从企业为了实现战略总目标而制定的规则，所以企业大学更具有全局观念。虽然一些企业大学已经具有成熟的运行机制，但我国大部分企业大学的成立时间较晚，内部的运行机制和准则还不是特别明确，企业大学的功能和价值尚未得到充分发挥。本书依据企业大学在互联网时代的角色与功能、运营体系研究，制定出科学合理的评价体系，对我国企业大学的发展质量进行价值判断。

二、研究意义

1. 理论意义

本书综述了企业大学的相关基础理论，对我国企业大学的发展现状和企业大学的角色与功能进行了分析，研究了企业大学的运营体系，在此基础上借鉴企业大学场论模型和成熟度模型，采用德尔菲法和专家咨询法建立了我国企业大学发展质量的评价体系，对进一步丰富和完善我国企业大学的运营体系与发展质量评价研究具有较强的理论意义。

2. 现实意义

本书侧重于我国企业大学的运营体系及发展质量评价问题，总结了我国企业大学运营管理的实践经验和规律，并对企业大学运营存在的问题进行了分析，研究了企业大学的运营体系，分别对由培养体系、课程体系、师资体系、评估体系等构成的教学体系和由组织体系、管理制度、环境设施、知识管理、E-Learning系统等构成的管理体系进行了阐述。本书结合企业大学理论基础和成功运营经验，构建科学的企业大学发展质量评价体系，并基于山东省企业大学的数据进行了应用分析，提出我国企业大学发展的对策建议，有利于提升我国企业大学的发展水平，为我国企业大学建设提供借鉴和参考。

第二节　国内外研究现状分析

一、国外研究现状分析

1. 企业大学总体研究

企业大学兴起于美国。20世纪50年代，"Corporate University"这一术语最早被迪士尼公司采用。企业大学的规模、构建模式等都没有一个明确的标准，因为不同企业在运行状况、自身文化特色、员工综合素质水平、高层管理人员的前瞻性等方面都存在着一定的差异，而企业在设立企业大学时要以实际情况为出发点，这些差异就注定了我国的企业大学各有特色。

Meister（1994）提出了自己对于企业大学的看法：企业大学属于一个过程，在这个过程中企业内部的员工、企业的客户等都会收获真知从而提升自己的综合素质。这个概念认为，企业大学为绩效服务，服务范围包括了员工和外部客户。四年之后他又提出了新的观点：企业生态链上的员工、客户和供应商都需要加强教育和培训，以达成企业目标，上升到企业整体战略层次，也首次提出了企业大学是终身教育的组成部分。

Dealtry（2001）提出，在建立企业大学时要综合多方面、多层次的因素来进行考量，从而助力于企业更快更好地发展。Byers（2001）阐述了企业大学的内涵：在企业的运行过程中，企业大学的存在使企业在很多方面，如员工素质、企业管理、技能水平等得到很大的提升，它的创设理念还与企业的发展理念相一致，是一个结合当今时代多种智能手段对员工等进行培训的组织。法国的Belet（1999）通过一系列的研究得到关于企业大学的结论：企业大学在不断地发展完善，它的功能随着时间的推移和时代要求的变化也在进行更新，从最初设立时的进行员工培训、提升企业人力资源管理能力转变为员工职业发展、企业问题解决方案及总体战略目标制定与实现手段等更大更丰富层次上的管理。企业大学间接地影响着企业内部的各种运行及管理模式，并对企业的各种革新手段提供实验的平台和机会。Dealtry 在之后的一年里还提出，企业大学的本质是一个学习交流的平台，其中的学习模式等和传统的大学略有不同，因为其带有鲜明的企业自身色彩，这种学习逐渐成为企业发展的"催化剂"。Allen（2002）在《下一代企业大学》一书中提出企业大学是教育实体的观点，认为企业大学最重要的价值是助力相应企业实现其最终的企业战略总目标，也就是说，提升并汇集所有人的智慧为公司发展奠定坚实的基础。

综合上述理论成果，我们能够得知各个阶段企业大学的发展特征，且随着时代的发展和创办经验的丰富，企业大学的各个方面都会进行升级和完善。

2. 企业大学模型研究

国外的众多学者在对企业大学进行研究的过程中总结了很多相关理论的同时也构建了企业大学的模型，这些成果有助于我们进一步地去了解企业大学的实质和内涵。

卡特（1994）构建了持续变化模型，他认为如果要掌握好学习与发展的规律就要注意以下三个方面：应该掌握的专业知识、学习的步骤以及学习时所处的氛围。所以，在管理与运行企业大学的过程中，既要注重知识，也要注意经验，两者相辅相成。Ready 等（1994）提出"整合管理发展系统结构"理论，这一理论表明了企业大学进行培训时员工等应该遵循的方面，包括了解并认可培训后的结果展望、能够辨析不同客户的重要程度、与客户建立合作关系、使人力资源和企业运行的准则发挥最大的效用等，他认为组织上下应该积极参与和配合整个学习流程。

Meister（1998）构建了轴承模型，这一模型囊括了很多方面，例如成果展望、高层的形成、资金的规划和最终投入以及课程设置、课程反馈等。Meister（2006）构建了新的企业大学模型，包括在企业总体战略之下设计企业的学习愿景，围绕组织绩效的改进设计学习项目，建立共享的服务架构，持续对学习服务与知识传递进行创新。Prince 和 Beaver（2001）在研究过程中阐明了相应的模型，指出一个成功的理想化的企业大学应该具备五个特质，即助力实现企业战略目标、了解相关信息和客户需求、掌握专业知识和学习方法、企业大学内部沟通与协作流程、学习流程，然后将这五个元素综合在一起构成一个模型，最终得出企业大学的首要任务是助力企业发展这一结论。Moore（2000）提出，企业大学的功能集中体现为学习发展，为企业和生态链上的相关利益者提供服务，建立知识管理系统聚焦于组织的智力支持。Campbell 和 Dealty（2003）共同创建了与企业大学相关的有机战略模型，他们认为，企业大学的发展可以总结归纳为三个阶段：组织、智能以及战略的发展。针对这三个阶段，他们又提出了两个观点：第一个是通过增强组织中每个人的能力来使组织的总体战斗能力获得提升，第二个是通过充分调动组织内部人员的积极性激发他们的潜力。Campbell 和 Dealty 的观念中对管理人的自身素质做出了假设，自发认为他们是自由的，是具有责任意识的，所以企业大学的整体机制能否顺利运行主要取决于个人的综合素质，例如对时代背景的了解程度以及对变幻莫测的市场的掌握程度等。

Barley（2007）提出，企业大学的设计模型应该包含战略基础、课程设置、操作指南、逻辑思维、反馈评估系统等。Abel 和 Li（2012）从以下维度对企业大学设计模型进行了描述：未来展望、高层管理能力、脉络的清晰程度、发展水平、培训员工与未培训员工的比值、资金调配、战略合作伙伴等。O'Reilly 和 Tushman（2013）总结了组织双元能力的形成机制，主要包括时序型双元（Sequential Ambidexterity）、结构型双元（Structural Ambidexterity）和情境型双元（Contextual Ambidexterity），在构建企业竞争优势方面提出双元能力比单一能力发挥的价值更大。

以上关于企业大学的模型从不同侧面对企业大学进行了描述，有一定的借鉴意义，但缺乏系统性。

3. 企业大学功能研究

企业大学是知识创新的充满活力的学习型组织。Meister（1998）提出，企业大学的功能包括员工的培训和教育、顾客与供应商的培训与合作以及文化传承。环球学习（Global Learning）（1998）提出，企业大学在发展和完善的过程中应时刻围绕着企业的战略总目标，之后明确并合理运用员工、团队甚至整个企业之间的发展关系，再和顾客成为很好的战略合作伙伴，使企业大学发挥其最大的优势，成为一个优秀的学习平台。曾担任摩托罗拉大学全球总监的 Sandy Ogg（2002）对将来的企业大学进行了展望，他认为之后的企业大学应该在多个方面、多个层次实现超越，能够为客户提供定制服务，使不同客户的不同需求得到满足，从而使企业自身和顾客获得双赢。克莱姆·闪姆（2007）提出，企业大学的学习与教学流程、网络与伙伴关系、营销流程和认证流程是其核心功能。

Dealtry（2002）提出，企业大学因为有企业这一特点，所以它是综合的，相比普通意义上的大学，它带有多种社会意义上的实用特征，有较强的环境适应能力，与传统大学相同的是，它也是一个充满活力、具有文化内涵和学习氛围的学习平台，是一种现代商业景观。因为它与生俱来的综合性质，所以它不是市场中单纯的仅以培训为职能的培训机关，也不是只注重学术研究的学术组织，它的运行操作更具有灵活性，可以根据整体商业大环境的变化来进行相应的调整。

在企业大学发展的不同阶段，其所扮演的角色也在发生变化。Blass（2005）提出，时代和社会的变化对企业大学的建设提出了挑战，企业大学不仅要考虑让员工提升自身的综合素质，也要考虑如何让更多的员工加入其中，增加企业内部员工进入企业大学的比率，使员工能以一个更好的状态迎接工作过程中所面对的挑战，并将如何实现企业战略总目标贯穿到日常的教学过程中，壮大企业的内部文化，聚焦于知识与学习，从而创造与保持竞争优势。Barley（2007）聚焦于培训和学习这两个方面，研究如何才能使培训向学习这个方面进行转换。他认为，从培训到学习需要全方位、多层次的共同努力，可以分为三个阶段，不同阶段有不同的特征：第一个阶段是了解并提升员工个人能力，第二个阶段是提高员工工作效率，第三个阶段是由员工个体扩大到企业整体，用全局观看待并解决问题。

知识管理在企业大学发展中发挥着重要作用。Prince（2002）认为，知识管理、组织学习、学习型组织这三个概念在企业大学领域尤其重要。Rademakers（2005）提出，知识的动态性及隐性的特点决定了知识的挖掘、转换与交易比较困难，因此知识管理就变得更加重要，因为知识是组织构建企业竞争优势和创造更高绩效的关键影响因素。Jansink 等（2005）提出，企业大学存在的必要性很大程度体现在知识得以在员工中实现分享加工和再创造。Allen（2007）认为，企业大学实施行动来培养个体和组织的学习、知识和智慧，组织加强智慧管理的目的是挖掘员工的知识和技能价值，转化为企业的商业价值。

结合以上所提及的大多数国外学者关于企业大学的阐述我们可以发现，国外在研究企业大学的功能时主要注重员工培养方案、企业战略目标的实现、管理平台的建设等，很大程度上忽视了其系统性价值功能的发挥，因此建设具有持续推动力的企业大学运营体系，提高企业大学发展质量是本书的主要内容。

4. 企业大学评价研究

由于组织对企业大学的理解在深度和宽度方面有所不同，因此对企业大学的评估也具有多元的视角，如美国培训与发展协会（ASTD）、美国企业大学交流协会（CUX）与国际质量和生产力促进中心（IQPC）等组织为我们研究企业大学评估提供了借鉴。ASTD 在对企业大学进行评估时主要从九个方面切入，如员工进入企业大学的比率以及进入后学习的效率、最终取得的效果、课后创新能力的提升程度等，并将这九个方面进行发散进一步形成了 18 个具体的指标。Becker 等（2001）在如何评估人力资源指标方面提出了自己的见解，认为可以采用平衡计分卡。平衡计分卡在实际运用中可以用来度量以下三个方面：高绩效工作体系、人力资源开发效率以及人力资源绩效动力。还有学者认为可以从五个方面对组织进行评价：发展的状况、满足潜在需要的能力、员工发展的满意度等。

CUX 在对企业大学进行评估时主要从以下六个方面切入：战略性、合作联盟、品牌、学习项目、领导力以及学习技术。战略性指的是企业大学与组织战略之间是否具有一定的联系以及联系的紧密程度；合作联盟指的是企业大学在创建后是否发展了自己的外部合作伙伴，是否与外部的一些组织或者机构结成了联盟关系；品牌指的是企业大学创建后在推广自身企业这一品牌方面所采取的措施以及所获得的成效；学习项目则是指企业大学中一些有助于学习的项目的进展状况；领导力顾名思义就是领导力的提升程度和有效程度；学习技术不单单指收获的知识和技能，还指学习氛围和学习环境的构造，企业大学是否将其带有的社会性质和知识进行了整合，使员工接收到的知识更符合实际生活中的运用，以及知识是否实现了扩散和共享。

IQPC 在 2002 年设置了与企业大学有关的奖项——最优秀奖，并且针对处于不同发展阶段、具有不同规模的企业大学制定衡量标准：企业大学对组织提高竞争能力显著的作用和贡献、应用混合的学习模式取得的学习效果、创建公司的学习文化、将有效的教育合作伙伴整合到企业大学、不断提高投资回报率。Dealtry（2001）提出，评价企业大学成功与否的标志是企业大学的学习是否能够增加企业内在价值以及是否能够为企业带来更多的投资，从而使企业的竞争力大大增加，从企业大学的创建上获得最实际、最直观的效益。

ASTD 强调了学习的投入及学习效果，忽视了企业大学和企业战略的结合；CUX 没有体现一些企业大学的关键成功要素，如学习地图、人才培养等；IQPC 忽视了企业大学的内部运营要素。随着信息技术的发展，企业大学评估的要素也在不断发生变化和调整。

二、国内研究现状分析

1. 企业大学价值发展的研究

吴峰（2016）提出，企业大学的核心价值是建立企业学习生态系统以及知识管理系统，将学习发展与企业战略绩效结合，培育企业的核心竞争能力。吴峰（2012）提出，企业大学是由所属企业创建，旨在提高自身经济效益的一种组织形式，是我国教育领域的有机组成部分。袁锐锷和文金桃（2002）提出，企业大学由于其所带有的社会色彩和教育色彩，可以被看作教育界和商业领域结合的象征。王伟（2002）提出，企业大学有两个作用，一是企业大学中各种各样的学习项目能够为企业的战略发展提供思路从而创造出无限可能，二是企业大学能够使企业的面貌有所改善，企业的内部文化得到更新，而且社会上的一些培训机构可能还会借鉴企业大学的运行模式，并认为第一个作用所发挥的效用从某些方面来说要大于第二个作用。徐雨森和陈蕴琦（2018）认为，比较成熟的企业大学的价值贡献除了知识转移外，还应更加关注知识创造和知识应用等环节，整合知识转移、知识创造、知识应用三类活动的能力是企业大学独特的竞争优势。企业大学的能动性和有效性能够为企业战略总目标的实现提供助力，所以企业大学的管理逐渐成为实现企业战略目标重要的一个环节。李亚军等（2019）认为，企业大学是企业中距离高职院校"最近"的部门，在实现资源共享、优势互补、校企合作方面具有一定的优势，成为校企合作的载体。张竞（2003）总结了国外的企业大学在企业发展中所起到的作用：企业大学既给予了企业一个提升的学习机会，还有利于企业自身内部的知识管理，使知识得以传播和共享，最终带动企业经济的发展。乔学军（2007）提出，企业大学最大的挑战来自课程体系设计。国外企业大学更擅长将成功的商务模型与最佳实践传递转移给客户与供应商，而国内本土企业大学更倾向于重视培训项目的实践性及可操作性。徐霄红（2016）认为，企业大学是一种创新联合体，专注于技术技能积累与推广应用。行业内有影响力的标杆企业之所以纷纷建立企业大学，主要是借助企业大学技术技能积累的平台，加快新技术、新技能的扩散和应用。

通过众多关于企业大学的研究我们可以知道，企业建立企业大学是为了适应时代和所处领域大环境变革做出的创新之举。企业大学传播知识使企业内的员工能够共享那些有助于提高他们专业技能的知识，充分理解接收到的知识后，他们可以将其运用到实际工作中，并且可能还会实现知识创新，将知识转换为企业实际的效益。企业大学从企业文化、知识管理、员工素质等多方面助力企业战略总目标的实现。但大多数企业大学是以内部员工培训为主，建立整个企业价值链的学习系统的重要性尚没有凸显出来。

2. 企业大学运营模式的研究

企业大学的经营模式是公司根据其具体需要以及发展战略目标做出的选择。高鑫（2013）提出，国内的企业大学与国外的企业大学相比还存在着较大的差距。美国的企业大学能够合理设置课程并能确保课程的质量，摆脱了传统培训机构的运行模式，创建了与企业自身特质相契合的一套规则，整体水平较高，因此收获了广泛好评，得到了大多数人的称赞。反观国内的大部分企业大学，目前依靠着企业的有限预算着眼于使企业内部的员工获得培训，只有个别企业大学如海尔大学和华为大学能将企业大学的大门同时向外部的一些相关人员敞开，从而获得额外的补贴用于企业大学的建设。这些优秀企业大学向外部人员开放的做法或多或少能够为其他一些企业大学提供灵感，所以将来的企业大学肯定会出现向外部人员提供培训机会的现象。周江林（2005）从企业大学和企业之间关系的角度阐述了企业大学的三种经营模式：转换、合成和派生。秦敏和项国雄（2007）以培训服务对象作为分类标准对我国企业大学的经验模式进行了分类，并将其分为三类：对内式、对外式和内外结合式。官志华和曾楚宏（2007）通过比较国内外企业大学的运行状况得到四种运行模式：网上课程模式、以技术为背景的商业运作模式、混合式学习模式和配合知识管理的虚拟大学。

汪江（2007）借鉴了国外学者 Walton（1999）提出的关于企业大学的见解，对企业大学进行了划分，他认为，第一代在经营运作过程中主要运用实体教室授课模式，第二代在经营运作过程中主要运用多层次的联合模式，第三代则采用的是虚拟模式。徐湄（2006）在研究过程中将其划分成以下三种：生产技能型、服务沟通型、科技创新型。《北大商业评论》在 2007 年做了进一步的补充，用四个不同的划分标准对其进行分类：按照服务范围划分成内向型和外向型；按照培训对象主要划分成中高阶型和低阶型；按照公司形态主要划分成实体化和虚拟化。与此同时，其运行模式在不断地变化发展，以求适应整体大环境从而实现企业战略总目标。吴益群和李进（2018）提出，基于"共同体"理论共建企业大学，融合产业资源与教育资源，将企业人才培养与社会人才培养相结合，形成高校育人、企业育人一体化。深入分析得知，其经营模式并非唯一的，也不是一成不变的，而是多种多样、十分丰富的，从不同角度切入可以呈现出不同的闪光点。现实生活中，企业大学运行模式的选择不仅要考虑时代商业背景，也要结合企业自身的发展实况和企业文化特征，根据这些要素的变化来进行相应的调整，从而找到最适合自身发展、最契合自身特质的经营模式。

3. 企业大学模型与评价指标研究

在国内外企业大学越来越多的情况下，我国学者将成熟度模型运用到企业大学相关的研究之中，并创建出企业大学成熟度模型。王世英（2011）在研究企业大学的功能以及企业大学的组织学习能力影响的过程中提到了这一模型，即从六个功能领域和四个阶段来进行评价。六个功能领域分别为人才培养、企业文化塑造与传播、知识管理平台建设、培训资源整合、企业生态环境建设、战略推动力；四个阶段分别为初始过程、规范过程、优化过程、品牌化过程。2011 年，上海交通大学海外教育学院建立了企业大学成熟度模型，从四个方面对企业大学进行评估：发展规划、组织管理、业务发展和运营支撑。以企业大学模型可以分为静态学习场和系统动态场的理论为基础，吴峰（2012）对企业学习、工作环境和绩效三个方面之间的关系进行了阐述，从战略性、经济性和绩效等角度探讨了其目标、方向和保障。谭伟（2016）提出了"五位一体"企业大学的模型，即职业发展、薪酬管理、绩效管理、员工培训和人才开发，以此保证企业大学对企业所需人才培养的质量，提供高素质人才保障企业战略目标的实现。葛明磊（2016）根据在华为大学的任职和培训经历，提出"六维一体"企业大学模型，包括战略性、学习体系、知识管理、技术、人才发展和绩效评估六个方面。陈蕴琦和徐雨森（2018）提出企业大学组织资本组合的方向盘模型，认为企业大学的不同组织资本可称为组织资本"组合"，由人力资本、流程资本和关系资本等复合组织资本组成，共同支撑组织能力的提升。

上海交通大学海外教育学院根据企业大学成熟度模型，于 2011 年制定了中国最佳企业大学评估指标体系，包括了 6 大模块、18 个指标、60 个要项。其中，6 大模块为战略契合度、组织协同度、业务完成度、运行有力度、职能拓展度、效益彰显度。此评价标准量化、全面、系统性强，有些指标过于细致，并非企业大学关键成功因素。吴峰（2012）根据提出的"场论"模型的要素，从 5 个层面建立了其评估体系，共计 12 个一级指标和 48 个二级指标。上海交通大学海外教育学院在 2014 年制定出一流企业大学的衡量指标，对考核指标做出了要求，即从实施层次转向战略层次，不仅要继续企业大学之间的战略对接、组织合作，还要有重点地对企业大学的运营状况、工作完成水平、知识整合度等多方面进行评估，更有效地评价了其发展情况。李雪松（2009）提出利用平衡计分卡的四个维度（财务、客户、内部运营、学习成长）来设计出评价指标体系，并在财务维度中设计了业务收入、利润等适用于营利性企业大学的指标，没有为以成本为中心的企业大学设计出财务维度的指标。李名梁（2017）通过引入平衡计分卡的财务层面、客户层面、内部运营层面、学习成长层面四个维度对跨国公司企业大学进行战略分析，并构建一套基于平衡计分卡的跨国公司企业大学评价体系，为跨国公司企业大学的快速发展提供策略支持。

综上，由于理论模型应用的差异性、运营模式的独特性，我国企业大学的发展质量评估指标体系也从不同视角进行了构建。本书需要研究企业大学的运营规律，挖掘其成功的要素，构建评估指标体系，打造出科学、合理、有效、便捷的衡量基准，以有效推动中国企业大学长效建设和有益发展。

三、国内外研究现状述评

从国内外的研究来看，无论是国内还是国外，都对企业大学进行了较为深入的研究，但是相比国外，国内研究的质量和水平总体上看相对落后。国外学者注重企业大学功能的研究及怎样促进功能更加完善，而我国企业大学发展还处于不成熟阶段，学者主要侧重于运营模式的研究，即选用什么样的模式更适合其发展。从评价体系来看，国外侧重于创新指标的评价，而国内侧重于组织、学习指标的评价。企业大学的评价体系是评价企业大学教学是否具有成效的一种重要方式，具体结果如表1-1所示。吴峰（2012）提出，企业大学的评价可以从宏观层面（企业大学本体）和微观层面（教学学习本体或培训项目本体）两个层面进行。本书所研究的发展质量评价是指宏观层面的评价。

表1-1 企业大学评价体系分类

	提出者	评估内容
宏观层面	Dealtry（2000）提出14个指标	管理、资金、战略方向与政策、学习技术、智力合作伙伴、内外部市场功能、行政、知识生产过程、人才管理、学习设施支持、标准、项目开发与管理、质量保证系统与过程、数据保护
	Guerd（2005）基于利益相关者的评估	有效性、创新、战略取向、便利性、个人绩效影响、行为影响、对组织的影响、专业发展、满意度、学习
	吴峰（2012）基于场论的评估	由12个一级指标和48个二级指标组成
	上海交通大学（2011）基于成熟度模型	6大模块、18个指标、60个要项

续表

	提出者	评估内容
微观层面	柯氏四级评估	反应评估、学习评估、行为评估、成果评估
	Phillips（2003）六级评估	投入和指标层、反应层、学习层、应用层、影响与结果层、投资回报层

通过上述研究可以发现，国外开始研究企业大学的时间比较早，因此文献数量较多。目前，我国企业大学的实践发展速度快，企业大学的工作者忙于具体事务，缺乏将实践上升到理论的研究，多关注应用研究，国内学者对企业大学的理论研究层面大多参考借鉴了国外文献，缺乏对我国企业大学的深度研究，自主创新的成果不多。国外对于企业大学理论和应用的研究相对平衡，如何将成熟的企业大学理论研究与我国国情及企业实际结合，在已有研究基础上有所创新和发展，形成适合我国企业的企业大学理论是将来努力的方向。

第三节　研究框架和主要内容

一、研究框架

本书的研究框架如图 1-1 所示。

二、主要内容点

本书从企业大学的相关基础理论入手，分析企业大学的发展历程、宏观环境及企业大学的角色与功能，研究了企业大学的运营体系及问题，构建企业大学发展质量评价指标体系与模糊综合评价模型，对山东省企业大学的发展质量情况进行了应用研究，最后提出企业大学发展质量的优化路径。

本书以企业大学的运营体系及发展质量评价为研究内容展开，包括九章内容：

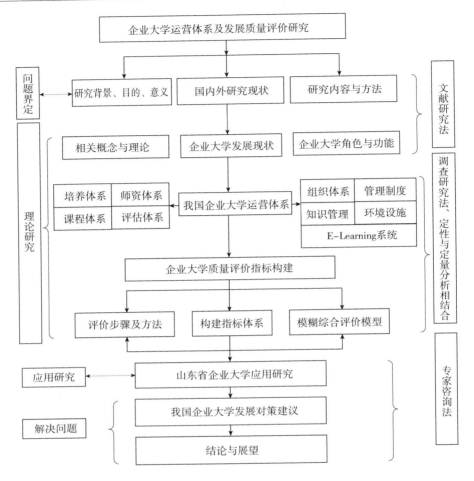

图1-1 本书的研究框架

第一章主要通过提出研究背景、总结研究目的及意义,在对国内外涉及企业大学内容研究的基础上,对已有的研究进行了梳理和总结,同时就本书的研究内容、研究方法、研究思路等进行了阐述,为本书研究的开展奠定了基础。

第二章是企业大学的相关理论基础部分,主要阐明了与企业大学运营体系及发展质量评价相关的理论知识,包括人力资本理论、知识管理理论、组织学习理论、学习型组织理论等,为之后的研究奠定基础。

第三章主要对我国企业大学的现状进行论述。本章从企业大学的发展历程出发，对企业大学的发展动因、发展阶段和发展趋势进行了深入的剖析，同时结合我国企业大学的实际，在对我国企业大学发展环境进行充分分析的前提下，客观地阐述了目前我国企业大学的发展实况，并指出了其在发展过程中存在的一些不足之处。

第四章主要论述了企业大学在企业发展过程中扮演的角色和发挥的功能。企业大学是企业中一个良好的学习平台，通过提高企业内部员工的综合素质，从而促使他们为企业创造更多的价值，进而提高企业的经济效益，使企业健康地稳步向前发展。本章对企业大学在企业发展过程中扮演的变革推动者、员工发展顾问、培训事务专家、业务合作伙伴的角色进行了阐述，对其所具有的推动变革、人才培养、知识管理、文化传播、整合产业链、创新孵化的功能进行了详细的分析。

第五章主要对企业大学的运营体系进行论述。本章主要从企业大学的教学体系和管理体系两部分展开。企业大学的教学体系包括人才培养、课程体系、师资体系、培训评估体系等方面；企业大学的管理体系包括了组织架构、管理制度、硬件设施、知识管理和 E-Learning 系统等方面。本章最后对我国企业大学运营存在的问题进行了分析，为研究企业大学发展质量的评价做了铺垫。

第六章提出了企业大学发展质量评价步骤及方法，根据理论依据和企业大学的功能定位，确定了我国企业大学发展质量评价指标体系，构建了企业大学模糊综合评价模型。

第七章对山东省 5 家企业大学做了应用研究，基于第六章构建的企业大学模糊综合评价模型，对山东省企业大学发展质量情况进行了评价分析。

第八章主要是提出我国企业大学发展的对策建议。

第九章对本书研究做了总结和展望。

第四节 研究方法及创新点

一、研究方法

本书的主要研究方法如下：

（1）文献研究法。笔者广泛查阅了国内外关于企业大学的文献资料，研究了企业大学发展的动因、发展阶段及发展趋势等问题，并对企业大学的宏观环境进行了分析，以把握企业大学发展的规律。

（2）专家咨询法。为了总结我国企业大学运营的成功经验，为评价指标体系的构建提供依据，笔者在文献分析、参考前人理论研究成果的基础上，征求了众多企业大学的研究专家、管理者和从业者的建议。

（3）调查研究法。本书通过访谈、问卷等方式，对我国企业大学的运营管理实践经验进行了梳理，收集了大量的企业大学案例，系统地掌握企业大学发展质量的评价标准，作为进行研究的第一手材料。

（4）定性和定量分析相结合。本书采用定性分析和定量分析相结合的方法，构建企业大学发展质量的评价体系、指标体系的权重，展示了一个较为完善的企业大学质量评价体系和运作流程，使评价过程更具程序化和可操作性，评价结果具有客观性，并运用层次分析法、模糊综合评价法对山东省企业大学发展质量进行综合评价。

二、主要创新点

本书的主要创新点如下：

（1）在文献研究基础上，梳理目前关于企业大学运营体系及发展质量评价的研究成果，对企业大学的功能、内容和要素等进行了考察与总结，提出了一套涵盖静态、动态等方面的评价指标，最终构建企业大学发展质量评价指标体系和模糊综合评价模型，丰富了企业大学发展质量评价理论。

（2）为企业大学的发展质量提升提出了详尽的优化方案。结合山东省企业大学发展质量的评价结果，对其发展质量进行分析，依据企业大学运营体系和发展质量评价体系设计优化方案，并形成建设性的优化路径，弥补了国内对企业大学发展质量评价实证研究的不足。

第二章 相关理论基础

第一节 相关概念界定

一、企业大学

企业大学是企业出资设立的员工学习发展平台，服务于企业战略，以构建员工系统化学习和知识体系为主要内容。企业大学是在企业培训中心的基础上产生的，随着企业规模的扩大，组织职能更加细化和专业化，员工技能动态提升的需求更加强烈，培训中心的定位和职能难以支撑公司战略需要，从而将培训中心升级为企业大学，职能发生了明显变化。企业大学之所以区别于传统的培训中心，核心本质在于其战略性、业绩导向以及前瞻性的特点。企业大学是从属于企业母体的应用型组织，服务的对象有明确的指向性，其定位与功能围绕企业的战略而定，具有明确的导向性和目的性。因此，企业大学的最终目的是打造知识管理和人才培养的学习平台、智力平台，为企业战略实施提供支撑力量。

企业大学与传统培训中心的辅助性定位不同，关键在于与公司战略的结合程度。从企业大学的性质与定位上看，企业大学与传统大学之间有共性也有差异（见表2-1）。企业大学侧重于培养本企业需要的人才，传统大学侧重于培养未来社会需要的高级专门人才，企业大学的教育对象广泛，包括经营管理人才、专业技术专家、研究开发人才、技术工人及供应商和服务商。企业大学作为成人教育的高级形态，可以作为传统大学的延伸，是当前最有效的建设学习型组织、建构终身教育的学习化社会的实现手段。

表2-1 企业大学与传统培训中心、传统大学的区别

差异点	传统培训中心	企业大学	传统大学
教育对象	公司雇员	员工及客户或供应商等合作者	大学生
办学目的	提高完成某项任务的能力	适应公司战略，增值人力资本	提高个人能力素质，服务社会
学校职能	提高个体技能	管理、开发	教学、科研、社会服务
教育过程	阶段性、分散式；讲座为主	持续的、相对分散的；课程具有层次性和系统性	阶段性、相对集中；特定课程学习
教育内容	以特定任务为主，突出任务性、技术性	以特定性内容为主，突出职业性	以通识性内容为主，突出知识性、学术性
教育评价	任务标准	企业标准	学术标准
主管部门	人力资源管理部门	公司CEO与管理团队	政府特定的主管部门
教育者	企业内部和外聘的特定主题的专家	内部管理团队和外部专家；同时与传统大学合作	专职高等学校教师队伍

从不同层面分析企业大学的内涵可以得到不同的结论，分析归纳后可以将其大致分为三类：一是宏观战略层面，二是微观策略层面，三是理论建构层面。第一种定义的出发点是宏观战略层面。例如，艾伦（2002）认为，企业大学是企业为了实现战略目标设置的一种具有教育性质的工具，内部员工经过企业大学的培训后，综合素质获得提升，从而为企业做出更多的贡献。企业大学自身具备的商业色彩和教育色彩使企业大学与普通培训机构之间有着本质的区别：培训机构是战术层面，而企业大学是战略层面。第二种定义相较于第一种定义来说视角更狭窄一些，它的出发点是学习战略层面。例如，巴利（2007）认为，和市场上一般的培训部门相比，企业大学的学习战略更成熟一些，具体表现在：企业大学因为是由企业创建的，所以培训后的员工在工作过程中面对困难和挑战时会更自如一些，甚至会主动地迎接挑战；企业大学关注员工个体学习情况，更关注整体的学习进度、氛围等方面；企业大学不仅向员工传递知识，还培养员工在理解知识后

运用知识解决难题的能力。第三种定义的出发点是理论建构层面。吴峰（2012）基于场论模型阐述了企业大学的内涵：企业大学建立的初衷是助力于企业战略总目标的实现；企业的文化与企业大学教学培训过程中的学习氛围、学习风气等紧密相连；企业大学的教学方法有四个主要特征，即系统化、知识化、信息化和经济化；在衡量企业能力时也有四个主要的指标，即员工自我提升能力、领导能力、开放能力和品牌能力；企业大学也是我国教育领域的重要有机组成部分。

上面从企业大学的三种不同定义角度得到的企业大学的不同内涵可以间接折射出企业大学在不同时间段的发展特征，明确企业大学的战略导向。企业大学的战略定位与未来价值，源于公司业务与人才战略的基本问题，但公司发展战略与人才发展战略解决的问题又有一定的区别（见表2-2）。人才发展战略的规划来源于当前所处的时代及其预判、企业文化及公司发展阶段、公司商业模式与业务板块构成、组织结构与机制改造、人才储备度与创新力。

表2-2　公司发展战略与人才发展战略的区别

公司发展战略	人才发展战略
公司存在的意义与独特追求是什么	移动互联时代最缺哪类人才
文化价值观中的首要核心内容是什么	公司处于企业生命周期的哪个阶段
商业成功的重要标志或维度是什么	公司业务板块及领军任务是否完备
生存并可持续发展的策略是什么	组织机制与团队活动如何跃迁
是否具有别人难以复制的稀缺性要素	员工学习与创新能力提升的障碍有哪些
真正理解客户的需求和差异特征吗	我们的服务对象最渴望什么

二、学习地图

学习地图起源于战略地图。"学习地图"这一概念最早出现在1973年，由哈佛著名教授大卫·麦克里兰创建。大卫在研究学习地图时将能力素质模型作为研究的基础，他认为学习地图是综合了学习资源和职业发展理论的培训方案。学习地图以能力发展路径和职业规划为主轴而设计的一系列学习活动，是员工在企业内学习发展路径的直接体现。

学习地图在设计学习活动时主要围绕能力发展方式和未来职业规划这两个方面来进行发散，所以能够体现出企业内部员工在企业大学中的学习轨迹。学习地图中的学习活动内容形式多样，既包括传统意义上的课堂教学，也包括信息时代背景下的新型教学方法——网络线上学习等。借助学习地图的指引，企业内部的员工可以找到提升自己能力的方法，从而使自己在职场中大展拳脚。学习地图的核心要素包括岗位能力模型、职业发展路径和企业学习资源（见图 2-1）。学习地图以岗位能力模型为基础，制定员工的职业发展规划，根据成长路径进行学习规划和学习项目设计，在员工成长过程中始终有对应的学习支持。

图 2-1　学习地图的核心要素

学习地图的绘制一般包括四个步骤，即岗位梳理、能力分析、内容设计以及体系建立，如图 2-2 所示。四个步骤的成果分别是岗位库及职业发展路径、能力地图或能力模型、学习内容及学习活动，最终统合为学习地图以及员工学习发展手册。基于学习地图，员工的学习发展手册全景展现学员在组织中的学习路线，对个人职业现状认识充分并明确下一步努力的目标，激发学习动力。

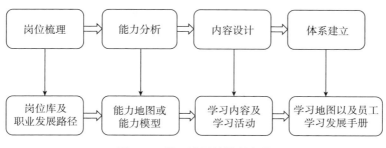

图 2-2　学习地图的绘制步骤

学习地图的价值是以企业战略为导向而分解到员工的岗位胜任能力标准，它使企业员工的学习和发展不再仅仅停留在表面，而是结合不同部门的特色、不同员工个人能力的高低，设置出相应的特色课程，对员工进行专业的提升培训。在分解制定学习地图的过程中，企业还可以更加深入地掌握不同员工的个人信息，如优势和劣势等，使资源得到更合理的分配，从而提高员工及整个组织的能力。企业大学能否获得发展以及后续取得成果的等级在很大程度上与企业的业务和员工的发展息息相关。学习地图的制定紧扣员工的个人能力，将员工和企业的发展作为其存在的目标，清楚地指出了不同部门不同员工在企业大学中需要接受的培训课程数目和种类，为他们的未来发展途径进行了标识，与员工的职业生涯发展高度契合。大型企业的业务范围较广，不同区域、不同职能对于培训的需求不尽相同，借助学习平台的学习任务和课程分配功能，可以为多个城市、十几个岗位职能分类的上万名员工构建针对多区域、多职能的在线学习地图，同时设计有针对性的学习项目分配给员工，为员工构建个性化学习地图。学习地图在充分了解员工个人能力后为不同员工设置了不同的特色课程，将员工的个人能力、未来在职场中的发展轨迹以及时代对其提出的终身学习要求紧密结合在一起，在员工的职场生活中起到了指路灯塔的作用，员工可以借助学习地图中的丰富资源以及结合自己的特质找到适合自己的发展途径从而获得发展。

三、产教融合

产教融合的"产"是指产业（行业、企业）、生产，"教"是指教育、教学，"融合"是指几种产教不同事物合为一体。杨善江（2014）将产教融合定义为教育部门（主要是院校）与产业部门（行业、企业）在社会范围内，充分依托各自的资源和优势，以互信和合约为基础，以服务经济转型和满足需求为出发点，以协同育人为核心，以合作共赢为动力，以校企合作为主线，以项目合作、技术转移以及共同开发为载体，以文化共融为支撑的产业、教育内部及之间各要素的优化组合和高度融合，各参与主体相互配合的一种经济教育活动方式。和震（2014）认为，产教融合不仅是教育制度，也是经济制度、产业制度的组成部分。深化产教融合要发挥政府、企业、院校、社会组织的作用。2016 年，中共中央印发《关于深化人才发展体制机制改革的意见》，进一步要求建立产教融合、校企合作的技术技能人才培养模式。党中央将产教融合上升为国家人才资源开发的基本制度安排。由此，产教融合上升为国家教育改革和人才开发的整体制度安排。

第二节　主要理论基础

一、人力资本理论

人力资本思想最早由古希腊著名思想家、哲学家柏拉图提出。柏拉图在其著作《理想国》一书中对教育和培训最后所能得到的经济效益进行了阐述，其中就蕴含了人力资本思想，所以人力资本思想的产生与人类经济价值的研究息息相关。英国著名的经济学家威廉·配第在其代表作《政治算术》中发表了土地是财富之母、劳动是财富之父的观点，其认为人在财富创造积累过程中处于重要位置。人力资本思想第一次得到比较系统的论述则是来源于经济学家亚当·斯密，他在《国民财富的性质和原因的研究》一书中提到，学习是一种才能，要增长才能就需要接受教育并投入一定的费用，花费的资本大多已经固定在学习者身上，人们的才能既属于个人财富，又属于社会财富。亚当·斯密的这句话反映出他将人力资本看作一种固定不变的成本，人掌握了技术就会一直从中汲取益处。

美国经济学家舒尔茨和贝克尔创立了人力资本理论。人力资本是体现在人身上的资本，即人接受培训教育的支出及其机会成本的总和，简单来说是指内含在人身上的各种知识、技能与健康素质的总和。人力资本的特性主要包括私有性与可依附性、边际收益递增性、时效性与累积性、异质性与创造性、不可视与难估量性，后面两种特性体现出企业大学对人才培养的投入将会产生巨大价值，经过培训后的员工的人力资本价值将呈现出持续上升趋势。因此，企业需要加大对人力资本的投入，调整员工培养模式，避免人力资本存量受到不良影响。企业大学作为培育职工以及推动他们不断发展的场所，旨在不断提升职工素养，应对知识的快速更新，传播多年运营管理的智慧，增强人力资本，最终使组织经济效益获得提升。企业大学是面向人力资本的价值提升，偏向于一体化管理控制。人力资本理论从企业决策管理层角度解析企业大学对企业的人力资本价值，是企业构建企业大学的动力。人力资本增值也有其社会需求属性，人力资源投资的经济效益远大于物质资本投资的经济效益。

二、知识管理理论

"知识管理"的概念首次出现是在1998年《福布斯》杂志发表的《迎接知识经济》的文章中。各国学者对知识管理的定义各有见解。德纳姆·格雷（2002）认为，知识管理是对智力资产的管理，有利于消除影响知识流向使用者的潜在瓶颈，充分利用智力资源，寻求机会加强智力、增加价值、提高灵活性，达到优化决策、提升服务水平和促进生产的目的。戈登·彼得拉什（1996）提出，知识管理是在正确的时间将正确的知识分享给需要的人，帮助他们做出更好的决策。巴士（1997）认为，知识管理是知识的创建、收集、共享、整合和再利用的过程，专注于创建目标和创造新价值。黎加厚（2001）认为，知识管理主要是研究人们获取知识、传递知识、共享知识并对知识加以利用和创造的活动规律，对知识进行系统管理。综上所述，知识管理实际上是一种过程，它是以知识为对象的管理，通过对获取的知识进行确认和有效利用，运用连续性管理的手段，对企业的创造能力和创新能力进行不断的提升，从而满足企业市场开拓的需要。

知识管理理论对企业大学运营及管理起到了推进作用，企业大学通过平台的管理和运营可以支持企业业务和战略的实现，促进企业大学与人才资本的融合。知识管理的特征主要有两个：创新性和共享性。首先，从创新性来看，随着知识经济时代的不断发展，创新已经成为企业发展的内部动力，离开创新，企业不但会停滞不前，而且还有可能在市场竞争中被淘汰。作为企业管理的重要内容，知识管理同样具备创新性，这种创新性不仅仅体现在内容方面，而且表现在方式方法方面。其次，随着知识经济的快速发展，信息化、网络化已经融入知识管理之中，信息化、网络化的重要特征是共享性，即各类信息在网络内能够实现相互使用，这也在很大程度上使知识管理的共享性更加明显。企业大学是创造知识并传播知识的场所。企业大学为知识从隐性到显性、促使创新知识循环与共享这个螺旋转变过程创建了平台。企业大学的产生和发展体现在知识生产服务的专业化水平上，表现为知识分享、创新与效能。企业大学的知识生产服务能力是一个整体组织的服务能力。企业大学的重要功能就是在员工中创造、开发及分享知识，促进知识创新和应用。知识管理理论的界定和发展，推动了企业大学活动的价值导向。

三、组织学习理论

"组织学习"（Organizational Learning）概念的提出先于学习型组织，学习型组织是在组织学习概念基础上提出来的。Argyris（1965）最早提出了组织学习的定义，即诊断和改正组织错误。费奥尔和莱尔（1985）更准确地界定了"学习"，即通过汲取更好的知识，加深理解，来提高行动的过程。Adleretal（1999）认为，在组织中创设一个良好的学习环境，促进内部的知识互动，是领导人员最先需要解决的问题，即首要任务。组织学习理论让企业将员工个人培训与企业作为学习型组织的概念融合，实现资源共享，为学习型组织理论的发展奠定了基础。杰列兹-高米兹等（2005）提出了一个综合性的组织学习流程模型，如图2-3所示。该模型认为：第一，组织内部的知识获取或创造、扩散和整合成为一项关键的战略资源；第二，新知识的创造和扩散意味着认知和行为层面持续变革的存在；第三，认知和行为层面的内部改变会导致持续改善流程，这有助于企业生存及完善，甚至有助于企业获得竞争优势。这个模型将组织学习流程与组织学习层次进行了整合，组织学习的获取、转移、整合三大环节之间具有双向作用，比较符合组织实际。不同的组织学习理论研究者认为，知识创造和知识共享将成为企业大学的核心价值，通过知识创造和知识共享改变组织中员工的行为以适应不断变换的外部环境成为组织学习能力的核心。

周岩（2013）利用组织学习能力量表，从人才培养、文化传播、知识管理、资源整合、生态系统建设和战略支撑六个维度，证明了企业大学功能发挥对组织

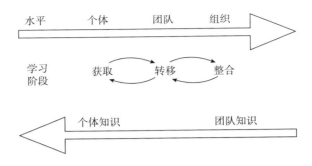

图 2-3　组织学习的流程与层次

学习能力有显著影响。企业大学从为组织创造价值的场景和学习技术的优势发挥两个维度综合考虑，洞察组织学习创造商业价值的机会。组织学习是组织内的职工通过使用他们的共同经验及利用对新信息开发的理解来影响公司发展能力和行为的过程。其主要包括以下两种类型：适应性学习和生成性学习。其中，对于前者来说，即公司以自己所属行业中的标杆企业当作自己的榜样，然后进行学习；采取后者的公司往往倾向于参加常规挑战。学习承诺、共同愿景和系统思考是组织学习的三个重要维度。

四、学习型组织理论

最早提出这一理论的学者是睿思特，其在《企业的新设计》一书中对学习型组织理论进行了界定，20世纪90年代，彼得·圣吉在其《第五项修炼》一书中再次做出了界定，这一理论正式形成。尽管很多学者都对学习型组织进行了研究，但截至目前，还没有一个被广泛认可的概念或定义。从国际上来看，对于学习型组织的研究主要从三个方面展开：第一个方面以彼得·圣吉为代表，主要从技能和能力的角度展开探讨，认为组织内部职工不断地发挥自己的主观能动性，创造其所期待的结果，培养新的思想，营造良好的氛围，全员掌握了学习他人长处的方法；第二个方面以佩德勒、马席克为代表，主要从学习和变革的角度出发，对学习型组织进行概念界定，指出学习型组织是一个为内部人员学习提供支持，且持续改变自己的组织，同时他们认为学习并非短期之事，而是长期不懈的过程，学习应当与今后的组织需求进行有机结合；第三个方面以本内特、皮特汉尼为代表，主要从文化角度对学习型组织进行研究，认为学习型组织实际上是一种能把学习、变革、调适等能力深植于组织文化的组织，其组织文化的方方面面都可以为内部职工的学习提供帮助，不仅如此，其组织文化对不断优化公司行为与工作惯例也起到一定的鼓励作用。

学习型组织是通过构建以人为本的学习管理环境，使组织作为一个整体能够敏捷反映内外部环境的变化，识别组织中的问题，迅速地捕捉和传播知识、应用和创造知识，使组织这个系统整体可以有效解决影响企业发展的疑难问题，并由此形成一个持续创造新知识、获得新能力的动态组织。学习型组织拥有终身学习的理念和机制，并形成学习共享与互动的组织氛围，具有实现共同愿景的不断增长的学习力，而企业大学是建设学习型组织的最有效的平台。企业大学的学习理念与学习型组织的持续学习理念相同，致力于员工的继续教育和学习发展，为搭建学习型组织提供平台。

学习型组织理论认为，真正优秀的企业是一个能够使各级员工充分参与并且拥有学习能力的组织。激励学习和保证学习的有效性是学习型组织最核心的价值。在知识经济时代，组织学习不仅能使企业组织更具有适应性，同样也是企业发展变革的重要基础，是实现组织愿景的重要途径。企业大学作为构建学习型组织的"工具"，应该不断地拓展个人和组织发展所需要的知识库，共享企业知识资源，并不断创新知识和管理理念，使企业组织部门和员工个人一直处于学习的状态，并充分汲取企业组织的新观念、新思想，为企业发展提供最为关键的人才竞争力。在企业转变为学习型组织的过程中，学习逐渐成为企业发展的核心意识和行为，并开始渗透到企业各个层次的工作中。企业中不同的个人或团队承担着不同的学习责任。团队的学习是以个体学习为基础的，在个体自我实现的同时，组织也在不断地成长，实现团队与个体共同发展。员工个人的学习应该形成一种自觉的意识和行动，重视专业知识的更新与综合能力的提升。部门或团队的学习应该针对部门的具体工作，在提高团队的工作效率的同时，提供良好的学习环境，让团队成员能够相互学习、协同并进。

在知识经济时代，人力资本比资金更经常地成为企业发展的瓶颈或动力，不但技能的含义变了，知识的生命周期也越来越短，更新速度日益加快。企业大学的存在和发展就是为了推动企业的发展壮大。目前，我国的企业大学还处于成长阶段，还处在从传统培训中心向企业大学的过渡阶段，要想全面建设学习型组织，还需引入学习型组织理论，改变企业传统的学习习惯和学习环境，颠覆企业员工对于企业培训的固有印象，统一员工认识，帮助企业树立提高企业全员学习能力的观念。

第三章　我国企业大学发展的现状

第一节　企业大学发展历程

一、企业大学发展动因

1. 知识经济时代对知识型员工的内在需求

国家统计局数据显示，2018 年全国 16～59 岁劳动力人口总数达 8.97 亿人，占总人口比重为 64.3%。我国人力资源竞争力指数从 2000 年的全球排名第 32 名提升到 2018 年的第 13 名，显示出我国人力资源竞争力的总量优势正在向人均优势转变，开发质量持续提升，但是与发达国家还有一定的差距，需要持续加大对人力资本的投入。知识经济时代，应把智力及知识资源作为首要配置要素，引发企业对知识型员工需求的响应。

德鲁克（1960）在研究中对未来进行了展望，认为知识今后必然会发展成一种最重要的生产要素，会逐渐取代机器、资本等。托夫勒（2006）在研究中表示，伴随着西方国家进入信息时代，知识会逐渐取代金钱，成为社会的主宰力量。20 世纪 80 年代初期，罗默在研究过程中阐明了"新经济增长理论"，指出知识可提高经济效益，计算经济增长时应将知识放入生产体系中，对知识加大投入可以增加知识积累，改进企业资源的生产能力。

2. 企业打造核心竞争力的客观要求

在日趋激烈的竞争环境中，企业日益重视发展的核心要素，打造核心竞争力，构筑企业竞争优势。知识创造在社会各阶段均起到巨大作用。工业经济时代末期，有形资产得到充足的积累，怎样使用它们来满足日趋多样化的市场需求，是公司长期健康发展的关键；同时，无形资产也日益丰富，且在各个领域中起着巨大的作用。在信息化高速发展的形势下，信息技术开始应用到社会的方方面面，部分解放了人的体力和脑力劳动，应用信息系统处理机械、重复性的劳动，而人可以充分发挥自身的智力优势，处理信息、整合知识，实现人机优势的互补。这种进化必然以企业学习为基础，而企业大学的主旨就是将良好的知识服务提供给企业，从而能够进一步提高企业的学习能力。从时间维度进行分析，恰恰是有形资产和无形资产的积累，再加上日趋白热化的市场竞争的影响，使企业的"大脑"得以进化发展。

1996 年，经济合作与发展组织（Organization for Economic Cooperation and Development，OECD）与许多国家逐渐认可并积极运用知识经济理论。OECD 最早在公文中引入了"以知识为基础的经济"的概念，然后还对外公布了相应的研究报告。其中明确指出，这一概念的出现，暗示着人们更加清晰地认识到知识和技术在经济增长中的重要性。对比而言，在新经济中，知识已经发展成首要的生产要素，是组织中非常关键的战略资源，怎样充分掌握、运用及创新知识，是衡量一个企业核心竞争力的关键。

3. 构建学习型社会的政策性推动

经济的长期健康发展不应一味地依靠人口红利，还应当不断转变增长方式，即应当从长期以来沿袭的粗放式过渡到集约式，这表明今后中国应从过去讲求人力资源数量优势向质量优势转变，这一转变能否取得成功，学习起着非常重要的作用。因此，国家提出了终身学习的口号，着力构建学习型社会。现阶段，我国亟须推动成人学习获得突破性进展，推动经济转型与可持续发展。自 21 世纪开始，信息化获得持续发展，与此同时还促使其他行业发生了巨大变化。网络使学习方式发生了翻天覆地的变化：在线学习模式越来越普及。对比来说，这种模式有着自身的优越性：无论是谁，均能够自由地学习；学习人员的数量越多，平均成本就越低，同时边际成本逼近零。近年来，我国的成人学习逐渐与网络技术结合，原因主要包括以下两点：首先，为迎合经济发展需要，我国急需新的技术力量来促进成人学习；其次，我国网民规模巨大，极大地促进了新的学习技术的发展，同时使网络技术运用于成人学习的过程中体现出非常突出的优势，具有很好的成效。

4. 企业大学知识服务的特点

企业大学是适应知识经济环境的产物，是为满足企业发展需求而形成的。知识服务包含以下特点：

（1）个性化。企业对知识内容的需求有着自身的独特性以及针对性，往往与企业发展情况息息相关。企业经营运作的每一环节均有着一定的独特性与专业性。实践是知识创造的源头，而企业则是以创造主体的身份存在。企业大学从其问世开始，宗旨就是为企业提供服务，且围绕知识创造承担企业智库的职能。传统高校往往为人们提供一些普遍性、理论性、基础性的知识，企业大学则为人们提供一些个性化、应用性、技术性的知识，注重效率。

（2）持续化。知识更新日益提速，这就使企业对知识需求具有一定的持续性。企业大学自成立开始，始终非常注重企业以及本行业的动态，一方面将持续更新的知识服务给予企业，另一方面还为企业的学习提供强有力的支撑。其知识创造主要是从企业基层的实践而来的，源于对企业动态的洞察。近年来，科技突飞猛进，知识更新换代不断提速，竞争变得越来越激烈，企业的改革与调整不断提速。不管是高校还是社会上的咨询公司，往往无法及时准确地回应企业需要的知识，这样也就不容易提供持续化的知识服务。

（3）泛在性。企业学习往往比较注重绩效，学习和生产活动有机融合，在工作过程中，无论员工遇到什么难题均会及时获得帮助。企业大学不但可以提供泛在的知识服务，同时还可以通过诸多类型的知识载体，对各种知识资源进行有效整合，构建与各种知识相匹配的学习活动与环境，建立科学化的知识管理体系，推动组织内部人员不断提高自己的学习绩效。员工工作中所需的"即时学习"要求企业为员工创造知识服务的便利条件。知识服务的泛在性必然依托知识管理体系，整合运营系统，但在知识市场中往往不容易得到系统的支持。

（4）效能性。企业学习往往以绩效为导向，非常容易组成闭环系统，应推动系统的持续改善，把知识转变成企业绩效，实现知识效能的最大化。企业大学为企业提供的知识服务均有着深厚的基础，具有难以模仿性与不可替代性，体现出其核心价值。

知识服务的四大特点一方面体现了企业大学与培训中心不同的特点，另一方面还体现出企业发展对于知识的需求。基于成本效益原则，企业会优先从成熟的知识市场中获得各种知识。值得注意的一个问题是，当前的知识市场根本无法将满足以上要求的知识服务提供给企业及其员工。所以，一定意义上，知识市场的不可获得性也是一个衡量其核心价值的标准。在今后的研究中，怎样开发与企业具体特征相符的学习效果评估体系，是企业大学运行过程中面临的一个难题，该评估体系是衡量其所提供知识服务质量的重要指标。企业大学在提供知识服务时，各项服务均体现出其自身的知识基础，同时与企业之间有着非常紧密的联系，使其成为企业发展中必须具备的知识中心。

二、企业大学发展阶段

面临外部环境的压力和内部运营的困局，企业根据战略目标不断进行企业内部变革，通过建立专业的培训体系完成从培训中心到企业大学的转换，为企业的快速发展建立人才培养系统。随着 GE 克劳顿管理学院的正式成立，企业大学在美国及其他发达国家异军突起。早期的企业大学的标杆有 1960 年成立的迪士尼大学、1961 年成立的麦当劳汉堡大学、1985 年成立的中国惠普大学、1993 年成立的摩托罗拉中国大学、1996 年成立的 LG 中国商学院、1997 年成立的西门子中国管理学院等。

我国第一家本土企业大学成立于 1998 年 5 月，由海信集团投资成立海信学院，随后中国本土企业大学迎来成长期，标志着中国真正进入了企业大学时代。1998~2019 年，我国企业大学经历了初生期、成长期、井喷期、互联期四个时期（见图 3-1）。

年份	初生期		成长期							井喷期						互联期						
	1998	1999	2000	2001	2002	2003	2004	2005	2006	2007	2008	2009	2010	2011	2012	2013	2014	2015	2016	2017	2018	2019
	海信学院	海尔大学	联想管理学院	平安大学	国华管理学院	中兴通讯学院	百度大学	华为大学	圣象大学	腾讯学院	忠良书院	大唐大学	万达学院	360大学	华润大学	京东大学	新奥大学	滴滴学院	谷仓创业学院	卫蓝商学院	建行大学	美团大学
			阿里学院	中化管理学院				TCL大学			宝钢人才开发院	招银大学	国网管理学院	长安汽车大学	中集大学	九州通大学	老板大学	唯品大学	方太大学		绿城大学	小米清河大学
			移动学院					中广核大学			光明乳业学院	电信学院	银联支付学院	联通大学	华夏幸福大学	物产中大管理学院		吉利企业大学	中信管理学院		格力大学	
										携程大学	用友大学	方正商学院	复地学院	国药大学		远大经营管理学院					娃哈哈大学	
										青啤管理学院	韩都大学											

图 3-1　我国不同时期的标杆型企业大学

纵观企业大学发展的四个时期，可以将其分为五个阶段，即培训专家、成长顾问、绩效伙伴、知名品牌、著名标杆。与成长顾问相比，绩效伙伴的打造需要较短时间，效果较好。

1. 培训专家阶段

培训专家阶段是我国企业大学发展的初级阶段，在此阶段，企业学习与发展系统主要服务于企业业务部门的基本需求，工作内容以技能培训为主，主要通过集中培训等传统教学手段帮助员工提高业务技能。企业大学作为培训专家，可围绕企业战略策划协同战略实施的系统培训方案，针对具体的项目，可根据企业实际情况策划科学合理的实施方案，制定良好的培训管理制度，利用一系列的方法，如整合培训资源等，使培训项目起到战略协同的作用，取得最佳效果。作为培训专家，企业大学必须要利用科学的方法来展现培训效果，从而得到企业的认可。不仅如此，这一阶段还应当构建一支良好的培训管理队伍，并且应当开发好新员工融入方案，利用培训的方式使员工在短时间内转变成企业人。

2. 成长顾问阶段

当企业的学习发展体系不断变化时，单纯的业务培训将很难满足企业快速发展的要求，企业对学习发展体系的要求开始由点及面、由单一培训到综合学习、由讲师单一主讲到互动沟通，开始向学习型组织转变。企业大学作为成长顾问，一是能为职工构建快速成长体系，使他们弄清楚自己的成长要点，在此基础上，编制科学合理的快速成长规划；二是构建学习分享平台等，利用诸多方式为员工创造一个快速学习条件，然后利用学习能力训练等方式提高他们这方面的能力；三是应当掌握领导力开发和核心骨干队伍开发的技巧，除去其快速成长方案，还应设计课程体系并开发核心课程包，培养内部讲师。为顺利达成以上目标，这一个阶段还应当将知识管理工作做好。

3. 绩效伙伴阶段

在成长顾问阶段，企业的学习发展体系聚焦于对"人"的培养，更多体现为对人力资本的投入。在绩效伙伴阶段，企业学习发展体系的目标是帮助企业提升绩效，通过运用科学化、体系化的绩效改进工具及方法，遵循识别绩效问题、分析绩效差距、设计干预措施、实施绩效改进、评估改进效果的工作逻辑。企业大学作为绩效伙伴，应当做好以下几方面工作：第一，在促进组织战略优化的前提条件下，诊断组织能力现状，制定相应的建设方案并推进实施，以提升组织竞争力和绩效；第二，推动绩效挖潜系统构建与运作，提升组织绩效；第三，利用组织变革来提高组织的竞争力与绩效。企业大学的活动方式不再局限于培训、学习等方式，而是开始引入技能培养、流程梳理、知识沉淀等多种方法。

4. 知名品牌阶段

经过前三个发展阶段的积累，企业学习发展体系已经逐步整合了企业内部的集体智慧，系统化地解决了企业内部具体绩效问题。企业大学要与企业品牌本身的定位和形象保持一致，和企业品牌策略进行有机整合。要打造知名品牌，首先要开发经典产品，做好全价值链的培训咨询服务，并能够进行品牌营销推广，利用这种方式将自己的服务推向市场。同时，还应着重提升组织的运营能力，以不断提升品牌美誉度。此阶段，通过产品服务社会化和市场化的运作，可以向外向型转变，实现盈利。

5. 著名标杆阶段

企业大学作为著名标杆，需要及时了解发展趋势，并引领企业大学发展；还应形成专业人才、经理人快速成长等标准，得到外界的认可。不仅如此，这一阶段还应当利用标准缔造与品牌运营等一系列措施来提升组织的盈利能力。

三、企业大学发展趋势

1. 数字化时代企业大学的组织管理将面临挑战和机遇

企业竞争环境的激烈变化、组织边界的模糊性、工作岗位的传统内涵以及新生代员工的需求更新，促使企业大学的功能不断变化。目前，我国企业大学多为内向型，以服务企业内部为主，实现内部市场化。优秀的企业大学将转化为外向型，实现外部市场化，从企业大学进化到行业大学、社会大学，服务外界同行业或跨行业的企业、产业链上下游的合作伙伴及企业的终端客户。谢小云（2019）认为，企业大学发展驱动力可以分为三个阶段：一是以岗位技能培训为主的发展驱动力1.0（工作样本）；二是以情景响应能力、需求牵引、领导力的公司人才梯队建设以及高层参与的企业文化传承为特点的驱动力2.0；三是以在线平台、体系建设、付费参与、最佳实践、赋能成长、高层投入为主要内容的驱动力3.0。他强调了对价值链上游（供应商、经销商）和价值链下游（零售商和分销商）的参与者组织培训对加强网络协同共生的效益最大化的重要性。

2. 企业大学的未来发展将实现数量与质量的共同提升

企业大学正在从关键环节的质量管理走向全面质量管理，尤其是实体型企业大学。质量不再是开发和交付部门的事情，而是覆盖整个组织的系统工程。全面质量管理是企业大学获得持久竞争力、走向卓越的必由之路。随着我国经济转型升级的进一步加快、产业结构的不断调整以及现代化服务业的快速发展，人才在我国经济社会发展中的地位越来越显著，作用越来越重要，人才引领未来已成为一种共识。为此，国家提出了人才强国战略，各地企业对人才的竞争更加激烈，这将不断促进我国企业大学的兴建，不仅仅是大企业，未来中小企业对企业大学的关注也将持续增加，企业大学将成为我国各类企业关注的重点。2008年以来，我国企业大学的数量由原来的200多家增长到2017年的2000多家，增长了十多倍。除此之外，随着信息技术的不断发展，E-Learning平台更加完善，新媒体不断出现，新的学习方式也更加便捷，构建混合式的学习环境将成为企业大学的一大特点，促进企业员工学习效率进一步提高，这些都将在很大程度上促进我国企业大学质量的提升。

企业大学同样遵循市场竞争的法则，当企业大学市场达到饱和后，即企业大学的数量达到一定程度后，企业大学的质量将成为其能否立足于市场的重要砝码，从这个方面来说，虽然企业大学未来发展将实现数量与质量的共同提升，但质量提升是更为重要的一个方面。

3. 企业大学的发展将实现思想与智慧的融通

企业大学历年沉淀的管理思想、方法论、特色的行业知识与经验、国际化相关的业务知识与经验（海外建厂、外籍员工管理风险等）、数字化/智能化相关的业务知识与应用经验、领导力、专业技术人才培养相关的问题解决方案，都将为外界同行业或跨行业的企业、产业链上下游的合作伙伴、企业的终端客户带来战略价值的提升。

企业大学将为企业发展提供前瞻性的探索和研究。区别于一般性的企业培训，企业大学为企业的发展提供战略性指导，通过对企业员工进行教育和培训，为其指明发展方向。除此之外，企业大学的教育将会为企业提供全新的、科学的管理思想，为企业发展选择适当的、促进企业更好发展的管理工具，促进企业员工的知识不断更新，进而激发企业员工的创新思维，增强企业员工谋求企业发展的思想动力和智慧，使企业发展的软实力不断获得提升。

4. 企业大学与大学的融合共生框架

产教融合是强化企业主体作用、开拓企校合作人才培养的新模式。产教融合的核心特征是跨界融合。企业和高校将各自的一部分资源拿出来合作共用，以达到资源互补、发展共赢的目的。从实地走访来看，企业作为主体，在与高校融合的实践探索上主要表现在两个方面：一是聚合校企优质资源，共育应用型人才；二是协同开展课题研究探索，加快基础研究成果的转化。校企双方主要通过开放办学（共创课程、共享师资、共同研究）、跨界学习（交叉学科、产业链纵向混编、行业横向混编、跨职能混编）、行动学习（Scientist‑Practitioner）的回归，搭建赋能平台（行业学院、1+N办学、产学研资对接）。

建设企业学习平台和生态圈，对企业大学提出了"整合利用内外部资源和营造学习生态圈"的能力要求。通过对内外部资源的专业化整合管理与调配运用，企业大学能够尽可能实现资源运用去中介化，促进需求与资源快捷、准确、友好、有效的对接，使客户的需求得到及时且高质量的满足，推动企业内外部资源的增值和价值最大化，最终实现企业组织与员工的发展。

5. 企业大学的发展将嵌入价值环节，推进边界融合

互联网时代的企业面临着新的行业规则、新的商业模式、新的技术手段等，一切都开始变得不同。伴随着企业的转型，企业大学也不再像过去那样聚焦于后端，而是更开放、更系统，形成一个势能集合体，延续着商业社会的变与不变。未来的企业大学将会更多地关注学员的能力获得，更加注重培训的绩效评估，而在绩效评估的过程中，能为企业带来的价值将成为绩效评估的重要砝码，也是判断其发展情况的关键参数之一。随着企业大学日益发展，其将推动边界融合，如促进采购、生产经营、物流、市场营销和服务之间的融合。

第二节　我国企业大学环境分析

一、行业发展

《国家教育事业发展"十三五"规划》为办好企业大学提供了一系列的指导。这一阶段，中国发展进入产业转型的重要时期，怎样将企业大学办好，进一步提高人力资源质量，是今后亟须解决的重要问题。李克强总理在 2015 年政府工作报告中明确指出，国家今后会编制相应的"互联网+"战略。也就是说，今后会编制"互联网+"计划，促进信息技术与其他行业的融合发展，对互联网企业进行适当引导，使它们走向世界，走国际化道路。韦泽（1991）曾经指出，那些令人无法察觉的技术是社会上最高深的技术，它们不停地把自己编织进生活，直到你无从发现为止。而互联网恰恰如此，它在不知不觉中融入人们的社会生活之中。当前，我国已发展进入"互联网+"时代，促使传统产业发生了转型升级，还促使公司价值链的每一环节不断朝着互联网的方向发展。企业正面临着千载难逢的机遇，市场中那些墨守成规、不思改变的公司，将会在很大程度上失去

市场竞争力甚至被淘汰。

2016 年，我国大约有两千家公司挂牌新三板，它们的资本获得充分的积累，与此同时，许多公司着手产业链并购等相关事宜。企业唯有不断变革，实现转型升级，才会牢牢把握"互联网+"这一良好契机，实现自身的可持续发展。然而，企业家面临的主要问题并非并购、产品、资本，他们最需要考虑的问题是企业转型以及人才。人才已经成为新时代企业竞争中获得胜利的法宝。哪家企业拥有足够的人才储备，哪家企业就会在竞争中获得更大的优势。而企业大学恰恰是推动企业长期持续发展的有力武器，怎样推动企业的互联网转型、怎样培育更多的专业人才是企业大学亟须解决的一个重大问题。我国的企业大学从 20 世纪 90 年代末开始建立，随着信息技术的发展，越来越多的企业开始着手建立企业大学，满足自身的人才需求，到现在为止，企业大学数量在 3000 家左右。我国企业大学在快速发展的同时，也呈现出一定的地区不平衡性，从区域上来说，企业大学主要集中于华东、华南、华北地区（见图 3-2），具体来说，主要集中于北京、广东、上海、浙江、江苏等经济发达省（市）。

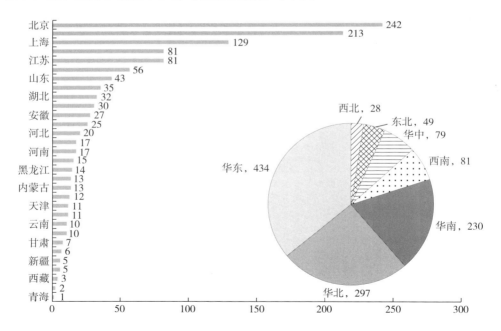

图 3-2　2012 年我国企业大学分布

作为一个非学历为主的继续教育机构，企业大学主要是为公司发展战略提供服务，主要是开展一些员工培训以及知识管理等方面的业务，可以在很大程度上提高员工的技能和知识水平，从而改善公司绩效。传统的高等教育机构是无法完全取代它们的，究其根源是由于高等院校难以满足公司的个性化需求，企业大学在运作过程中根据岗位能力构建了属于自己的知识体系，而并非根据学科来进行构建，为学员设置的知识基本上是 know-who、know-how 方面的内容，尽管属于碎片化的知识，却能够明显提高个人或企业绩效。企业大学一方面能够明显提高员工的素质，另一方面还能够提高整个社会的人员素养。所以，办好企业大学并非单纯属于企业之事，也离不开整个社会的努力。

具体来说，企业大学的功能包括以下两方面：职工培训和知识管理。两者有助于提升员工的效率，同时还有助于避免他们的流失，降低由此造成的损失。不仅如此，企业大学还具有其他功能，如服务文化建设、提升员工的忠诚度等。要想将企业大学办好，一方面应当学习其他国家的典型模式，另一方面还应当充分兼顾到我国的具体情况，具体应把握以下几点：首先，把企业大学的发展纳入教育规划中，建设学习发展平台；其次，为企业提供支持，使其构建科学、合理、全面、有效的组织框架，进一步提高其专业性；再次，推动普通高校人力资源开发学科建设，在知识的层面为其提供强有力的支撑；最后，最大限度地发挥信息技术的作用，使其朝着社会化、信息化的方向发展，不断提高其教育质量，进而带来更多的社会效益。

二、市场竞争

企业大学在快速发展的同时，行业间的竞争也进一步加剧，尤其是企业大学比较集中的发达地区，如北京、广东等地，企业大学之间的市场竞争尤其明显。各个企业大学之间的市场竞争主要体现在人才、信息技术、交易成本等方面。

首先，企业大学的发展离不开人才支撑，比如培训教师体系建设，尤其是对外部讲师的争夺方面，我国一些比较知名的企业大学，如华为大学、海尔大学，都十分注重对外部讲师的引进工作。随着我国企业大学数量的不断增加，对企业大学质量要求的不断提高，对教师队伍的争夺也将更加激烈。

其次，我国企业大学在信息技术方面的竞争也将进一步加剧。信息技术是我国企业大学的重要组成部分，离开信息技术，企业大学的发展将无从谈起。企业大学在信息技术方面的竞争主要表现为对新的信息技术的应用方面，比如 E-Learning 的技术方案与技术开发方面。

最后，我国企业大学在交易成本方面的竞争也将进一步加剧。尤其是在对外培训的过程中，费用合理、培训效果好将是外部培训对象选择企业大学的重要因素，更是赢得市场主动权和竞争力的重要保证。

2018 年，我国从人才、信息技术、交易成本等方面对企业大学进行了排名，如表 3-1 所示，海尔大学排名第一。这是因为海尔大学依托国内外以及山东省一部分著名高校和自身经验丰富的企业管理人员作为人才支撑，在人才方面优势凸显，同时在信息技术方面，海尔大学通过非线性学习平台的构建，使企业大学的信息技术优势凸显，通过这些优势，海尔大学在我国企业大学中的竞争力处于明显的领先地位。

表 3-1   2018 年我国企业大学综合排名

排名	企业大学名称	企业所属行业	等级
1	海尔大学	家电/制造/互联网	A+++
2	中广核大学（党校）	清洁能源	A+++
3	中国工商银行杭州金融研修院	金融/银行	A+++
4	招商银行	金融/银行	A+++
5	TCL 大学	家电/制造	A+++
6	红星美凯龙集团管理学院	家居零售	A+++
7	物产中大管理学院	流通贸易	A+++
8	中兴通讯学院	电子/通信	A++
9	平安金融管理学院	金融/保险	A++
10	中国移动学院	通信业	A++
11	中国银联支付学院	金融/支付	A++
12	中国电信学院	通信业	A++
13	施耐德电气（中国）大学	电气	A++
14	中集学院	集装箱/制造	A++

续表

排名	企业大学名称	企业所属行业	等级
15	长安汽车大学	汽车/制造	A++
16	新奥大学	清洁能源	A++
17	用友大学	IT/通信/互联网	A++
18	泰康商学院	金融/保险	A++
19	国家电投人才学院	清洁能源	A++
20	网龙大学	网络游戏/互联网	A++

从外部来看，我国企业大学的市场竞争主要表现为与各种培训机构以及各类大学院校、职业院校的竞争上。就目前而言，我国各类培训机构的数量要远远高于我国企业大学的数量。相关资料显示，截至2017年，我国各类培训机构的数量达到了10.33万所，如图3-3所示，虽然其中含有与企业培训无关的培训机构，并且培训机构的总体数量在不断缩减，但总的来说，企业类的培训机构在数量上要远远高于我国企业大学的数量。

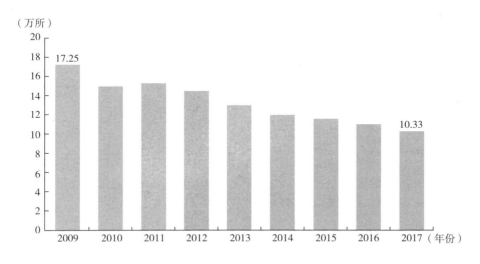

图3-3 2009~2017年我国教育培训机构数量变化

尽管相比各类培训机构，我国企业大学在员工培训方面的优势明显，比如员工学习的效果更好、能够体现企业的战略价值、培训方式多样化等，但对于一些企业，尤其是一些中小企业而言，培训机构的培训形式灵活，中小企业可以将培训机构的教师引入企业内部进行培训，同时还可以根据实际需要随机地进行培训，不用设立专门的讲师队伍和管理人员，这有利于小企业培训成本的降低。与各类培训机构相似，高等院校的培训优势也是显而易见的，比如教学经验丰富、理论与实践结合的高校教师在企业服务中发挥了巨大价值和作用。

从以上分析可以看出，无论是企业大学行业内部，还是企业大学行业外部，竞争都是非常明显的，有鉴于此，企业大学唯有充分地发挥自身优势，使企业大学自身应有的各种优势更加突出，才能够在行业竞争中取得主动权。

三、交易成本

交易成本是新制度经济学的基本概念，然而不同的经济学家对其有不同理解，狭义的交易成本概念是在市场价格机制基础上，认为交易成本就是市场交易及其管理成本；广义的交易成本为经济系统运行的成本或制度摩擦产生的经济成本。徐伟等（2018）运用威廉姆森的交易成本理论梳理了产业学院运行的事前成本和事后成本，指出有限理性、机会主义、不确定性、资产专用性、契约不完全和敲竹杠等因素是交易成本产生的诱因。企业大学办学同样涉及人力、物力、财力、信息、品牌等资源的投入，涉及内部合作、资源分配、权责义务、风险分担等具体事项。从企业大学的发展阶段来看，初级阶段往往是举办一些内部培训，接着开展价值链上有关人员的培训，之所以如此，不外乎以下几点：首先，对价值链上的全员进行培训能够促使企业完成自己既定的经营目标；其次，来自外部的培训费能够降低企业的成本，这在经济出现下行压力的时候尤其重要。企业大学完全对外开展培训可以获得相当大的收益，从而促进企业大学进入良性发展的轨道，但是我国的很多企业并没有对这种演变的过程给予重视，它们仅重视对外开展培训可以获得收益。

从发展上来看，企业大学获得外部的交易成本将会给企业大学带来必要的资金支撑。随着企业大学的数量增加和质量提高，企业大学之间对培训对象的争夺进一步加剧，培训对象对企业大学的选择性进一步放宽，也就是说，企业大学所能获得来自外部培训成本的机会，将随着企业大学数量的增加、质量的提升而逐渐降低。这就给企业大学的发展带来了严峻的挑战，即所谓的"优胜劣汰"市场法则。当企业大学数量不断增长时，如果某一企业大学的质量没有获得提高，就有可能会失去外部培训这一市场。

四、信息技术

信息技术成为知识经济的重要生产力，为我国企业大学跨越式发展提供了技术支持。中国正在大跨步进入新经济时代，企业学习不断更新模式。移动学习、企业 MOOC、微信学习、在线直播不断丰富企业学习新模式；云计算、大数据、VR 等新技术使学习变得更加精准和深入。随着信息技术的变革，企业数字化学习持续演进，从传统的基于光盘的多媒体学习，到基于互联网的 E-Learning，再到今天的移动学习、社交化学习。目前来看，我国企业大学的信息技术主要以 E-Learning 为主，其自 20 世纪末期引入我国，此后覆盖面不断上升。E-Learning 行业市场规模不断扩大，行业逐渐专业化和细分化，涌现出一批专注于课程、软件和平台的公司。移动化、大数据、云服务是近几年经常被提及的趋势，E-Learning 也在不断变革。现阶段我国企业应用的主流阶段是在第二阶段，这个时期，企业常常对这种方式寄予太高的期望，最终使其实际效果与期望值之间存在着一定的差距。

移动互联网时代，信息技术对商业与企业产生了巨大的影响，使企业面临着新时代的新挑战和新要求。新的商业模式、经营办法、管理手段、科技应用和组织运营，都需要培训给予支持。移动互联网软硬件的成熟，使"互联网+"在企业培训教育领域的应用加速开展。移动学习成为一种新的培训与学习的方式，并且在短短的两年之内呈爆炸性增长之势。在中国，通过手机端进行学习逐渐成为企业培训的主流方式之一。招商银行拥有 7 万多名员工以及众多的分支机构和营业网点，基于银行员工基数、行业特性以及企业管理体系，招商银行积极应用信息技术和人工智能等新兴技术，从初期实现远程视频、在线考试的在线学习E-Learning 平台，到为满足培训需求成立的远程培训学院，再到基于移动互联网和大数据分析的集平台开发、内容研发和运营支持于一体的招银大学的建立，招商银行培训中心到招银大学组织形态的演变和升级，都是随着互联网技术的改变而迭代。从世界范围内的主流系统工具到电脑 PC 端再到移动端的普及，并实现在线学习、知识管理、远程视频、数字图书馆、模拟银行等九大学习单元模块的学习平台，招商银行在招银大学体系平台建设过程中也体现了轻运营的特点，在学习方式上通过智能移动端实现学员碎片化、随身化的体验，在学习效果评估上，借助平台大数据等智能分析工具，记录员工成长轨迹，评估学员学习效果，在理念上，以战略为目标，真正成为企业组织智慧的孵化器。《2018 中国企业数字化学习现状和趋势调研报告》提出，伴随信息技术演进的，除了快速变化的数字化学习技术，更重要的是企业大学从业者角色的转变，从培训师、教学设计师转变为教练、顾问，从以培训管理者为中心转变为以学习者为中心，从以正式学习为主转变为以非正式学习为主，从强调自上而下控制转变为倡导自下而上支持，从传统的课堂培训向工作场域的学习（Working Learning）迈进。随着大数据、人工智能技术在学习领域的深入应用，智能化学习将为企业大学带来颠覆性的变化。

第四章　企业大学的角色与功能

第一节　企业大学的角色

　　企业大学由企业内部的职能部门转向对外的经营部门，其业务范围从企业内部扩展至企业价值链，甚至外部社会。企业大学在企业发展需求的基础上，从培训"事务专家""员工发展顾问"向"业务合作伙伴""战略变革推动者"转变。中铁四局为企业大学（党校）确立了"四大定位""五大使命"。"四大定位"：一是打造战略"发动机"，通过企业大学的创建以匹配对于知识的高效管理，系统形成持续而强大的企业学习力和创新力，为企业转型发展和战略落地提供新的动能；二是建设人才"成长营"，创建企业大学将全面实现"提升人、识别人、凝聚人"的作用；三是构建知识"加工厂"，通过建立企业的知识库，整合学习资源，成为全员培训、学习和研究的知识共享与传播平台；四是营造学习"生态圈"，构建学习社区，打造全组织学习生态圈，更好地将文化理念与学习理念传递给员工和合作伙伴。"五大使命"：一是培养人才，整合企业内外部学习培训资源，提升企业组织学习力，打造满足企业战略实施和业务发展需要的人才培养基地；二是管理知识，对企业的知识进行系统管理，促使隐性知识显性化、显性知识组织化、组织知识共享化；三是推动变革，全面提升组织的主动适应和持续创新能力，达成组织共识，推动企业变革与发展；四是弘扬文化，传承、创新、传播企业文化，发挥企业文化的导向、激励、凝聚、约束作用，提升员工的归属感和组织凝聚力；五是共享交流，将学习产品和学习资源在企业商业生态圈中共建共享，巩固提升与客户和合作伙伴的关系。

一、战略推动者

企业大学的一个标志性特征就是其战略性。企业大学应该与企业的发展战略相关联，以帮助企业实现发展战略为办学宗旨和目标，而不仅仅是一个提供培训的教育实体，最终目标是促进组织变革与绩效提升。企业大学建设是战略驱动的逻辑结果，建设的工具和方法有很多，但是处于不同发展阶段的企业对筹建企业大学的定位是不同的：在发展初期侧重于基层员工的技术、能力的提升，发展中后期侧重于战略执行、效率提升和企业文化的落地。战略性学习项目是推动企业战略变革的钥匙。企业大学的战略推动者角色要求企业大学开发战略学习项目，推动公司战略目标达成和战略变革的实现。

GE 的"领导力、创新与增长"（LIG）学习项目在公司的转型中起到非常大的作用。对于企业大学的 LIG 项目，公司领导人曾经明确指出："恰恰像我们去年承诺的，有五十多个团队参加了'领导力、创新、增长'项目。公司的管理层人员经过培训已经学会了怎样把他们的战略目标和文化、资源、企业的能力结合在一起。"该项目的对象是那些业务部门的高管，致力于将创新和增长树立为GE 新时代发展的真谛。项目采用团队学历的方式，针对各高管团队，项目实施可分为三大阶段，如图 4-1 所示。

1. 训前准备	2. 集中学习				3. 训后延展
·更新自己的三年战略 ·对团队创新环境和成员进行360度评估	外部专家、内部思想领袖或工作楷模发言	内部案例分享（正在进行的工作）	各个管理团队坦诚交流，讨论启发及如何在业务中运用	准备企业在实现最大化增长时所应实施的组织、文化和能力等方面的变革	·向董事长汇报陈述 ·向董事长递交实施承诺书

图 4-1 LIG 项目实施框架

该项目是战略性学习项目的标杆，可以为公司带来巨大价值，能够在很大程度上促进公司的战略变革，使公司核心竞争力不断提升。它一方面注重解决实际问题，另一方面还非常重视能力的提升；不仅为组织以及个人提供了新观念，而且还非常注重变革举措的制定以及执行。

二、员工发展顾问

企业大学会甄选出精品活动细目，形成具有针对性的员工项目或课程体系，并开展相应的教学设计和项目开发。企业大学的员工发展顾问角色主要聚焦在具体的人群，指企业大学应当以人才梯队建设为核心设计全面系统、科学合理的培养方案，加速人才发展，从个人绩效、团队绩效入手，进而提升企业整体绩效，从人才发展的层面为企业长期持续发展奠定坚实的基础。

企业大学为关键岗位的员工绘制"学习地图"，利用这种方式能够在很大程度上减少职工在各阶段适应工作岗位并取得成绩的时间，最终能够迅速建立具有高胜任度的人才梯队。例如，IBM 公司为具有 IT 经验的职工与刚刚走上工作岗位的高校应届毕业生开发了入门级培训项目，使其能够尽快构建起一套终生难忘的思考和行为模式，主要包括以下方面：一是为期一周的产品知识培训；二是解决方案营销培训，具体来说，其中涉及大量演练活动；三是对前两个阶段的回顾与应用。针对关键岗位职业发展各阶段开发入门级学习项目的步骤有三步：一是工作分析，明确关键岗位的业务目标及挑战，梳理员工职业发展的关键阶段及典型任务；二是能力分析，明确典型任务的所需能力与绩效要求，尤其是提炼出骨干员工的先进经验，将其作为案例融入学习项目之中；三是设计各种学习活动，提升学员能力，且把学习活动与职业发展路径融合，形成学习地图。

当新的学习产品或项目出台后，企业大学中总会出现一小批革新者，愿意尝试新鲜事物，这一小批人群会发挥较强的标杆作用，需要及时跟进和激励，根据反馈对内容进行调整、扩散和推动。企业大学的新的学习产品或项目的推广符合创新采用曲线，如图 4-2 所示。创新采用曲线是应用在新产品面市后的市场策略的思考模型，当某种新产品上市后，会有一小批人首先选择使用，被称为革新者，其次跟进的被称为早期采用者，然后依次是前期追随者、后期追随者、落后者等几大类用户，根据用户特点，可采用不同的市场策略。企业大学新学习产品或新项目的早期采用者与革新者相似，一般是部门管理者，支持创新但相对谨慎，需要尽早说服他们采用新的学习产品。因此，一项新的学习产品或学习项目的推进，要先说服革新者和早期采用者，他们往往是企业内部的项目推进者与意见领袖。

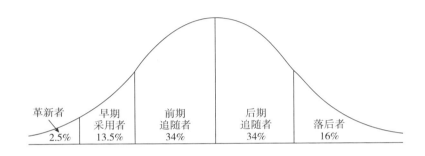

图4-2　创新采用曲线

三、培训事务专家

中国大量企业大学的前身是培训机构，正是这方面的原因，导致我们存在认识上的误区：它仅仅是公司培训部门改名而已，它还是根据公司职工的业务需求安排培训活动。上述认识显然有失偏颇。作为公司人力资源部门下属机构，培训机构对公司筛选的职工进行短期的培训，希望能够在短时间内实现良好的效果。对比来说，企业大学却有非常高远的目标，与公司的发展战略结合在一起。其注重学习的持续性和员工的广泛性，目的是使学习变成一种自觉的日常活动。不难看出，两者的差异非常明显，因此在一定程度上来说，企业大学并不是企业培训工作的简单延续，而是一种专业的培训事务专家。企业大学具有教学设计、培训交付、效果评估、绩效改进的专业素质能力，其中绩效改进是其核心要素，即企业大学的运营以及存在的使命与价值均以解决组织中存在的绩效问题为核心。

企业大学围绕公司战略与业务需求搭建课程体系，利用内外部资源依据 AD-DIE 模型进行课程设计开发。ADDIE 分别表示：Analysis（分析）、Design（设计）、Develop（开发）、Implement（实施）、Evaluate（评价）。在 ADDIE 五个部分中，分析与设计是前提，培训需求分析是建立培训体系的第一步，也是最关键的一步。开发和实施是核心，评价为保证，三者互为联系，密不可分。企业大学的培训管理体系对高效团队的建设发挥着保障和催化作用，为企业培养符合战略需求的人才，提升战略绩效，增强人才竞争力。任正非的目标是"把华为大学变成培养将军的摇篮"。华为大学依据总体战略和人力资源战略，建立全员学习的培训管理体系，通过培训设计和项目学习推动企业战略落地、业务发展和人力资本增值等目标的实现。

在移动互联网时代，企业所进行的培训也正在发生深刻的变革。在从国家到企业再到企业人都在思考着、经历着和实践着"互联网+"的同时，企业培训也需要从"互联网+"出发来重新审视和思考。"互联网+"既是企业培训的出发点，也是企业培训的手段。在"互联网+"在各个领域大行其道之际，教育也成为"互联网+"的结合对象，这其中很重要的一环就是企业教育与培训。在移动互联网时代，我们仍然要以企业培训本身作为出发点，从培训整体提升的角度来整体考虑，再把移动互联网融入其中，作为提升效能的主要支撑。也就是说，新时代下的培训新模式是企业培训整体效能的提升，而不仅仅是简单的移动学习。就目前而言，以面授为核心的传统培训已经非常成熟，培训从业者也已经稳步走向细分专业化道路。但就在培训行业与企业经营管理都已经日渐成熟时，移动互联网时代骤然到来，从而打破了培训这一专业领域的稳定和平衡。在以用户为导向的移动互联网时代，培训必须重视用户的看法，这就要求我们重新审视企业发展需求和对培训要求的必要性，树立多元化、专业化、个性化培训的思维。

四、业务驱动者

企业大学的发展经历了从绩效改进到业务支持，从合作伙伴到同步同行。企业大学必须贴近企业经营。企业大学不能脱离企业的经营实践搞培训，一旦远离了企业经营，它的价值就无法彰显，就会让业务部门对企业大学失去信心，所有的学习内容也就失去了实践的土壤，成为无源之水、无本之木。培训不是福利，只有紧密贴近企业经营的培训才能产生价值。只有坚持发挥既懂业务又善研究的优势，企业大学才能创造出更多更真实的价值，也才能获得备受尊重的地位。目前，大部分企业大学处于探索阶段，在急剧变化的商业环境下，许多问题单凭过去的业务部门无法解决。随着学习技术的发展，企业大学逐步具备跨部门的优势，能够帮助业务部门推进。企业大学的业务合作伙伴角色聚焦于业务问题，其应当紧紧围绕业务需求，从投资回报的角度对培训进行思考，从而推动企业业务的增长。从企业的角度，大量企业着手把"与业务直接挂钩"当作最重要的培训理念，这需要各培训项目详细说明对业务的直接价值。原用友大学校长田俊国曾经明确表示，企业大学就是要"上接战略、下接绩效"。《培训》杂志社对我国企业大学在业务支撑方面的具体体现的调研结果显示（见图4-3），70%以上的企业大学能根据组织与业务战略需求，制订整体培训计划；能依托组织与业务战略，为业务发展储备相匹配的后备人才；立足业务管理与绩效支持，提供定制化学习方案。50%左右的企业大学能做到基于组织与业务问题的解决，实现业务伙伴绩效结果改善；能对组织与业务问题进行精准分析与诊断，实现业务与管理流程再造。但是在经验萃取、赋能生态等方面进行实践的企业大学仅占1.5%。组织经验萃取是知识管理中常用的一种方法，是将隐性经验显性化的有效途径。经验萃取是企业和个人学习发展的重要途径，不只针对某部分人群，而是要人人都能萃取经验，联动智慧，形成企业共享氛围，从而促进人才发展。赋能强调的是增强赋能企业自身的生态系统，是企业通过提升被赋能的能力，直接地增强赋能企业生态系统的竞争优势，从而更好地服务自己的用户。

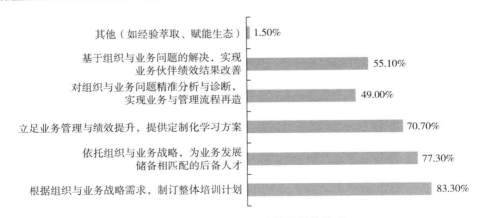

图4-3 企业大学业务支撑的具体体现

1. 贴近业务助力绩效支持

企业大学和业务的结合更加紧密，甚至先于业务的发展成为牵引"机器"。在具体的经营运作过程中，企业大学可以在充分兼顾自身业务的基础上，开发相应的学习项目，利用科学有效的工具，培养各相关环节应具备的专业能力。例如，耐克学习项目强调对业绩提升的作用，通过"影响地图"确保学习项目能够真正提升员工绩效。

2. 储备、输送管理与关键业务人才

企业大学坚持以项目为中心的服务业务运作，完全响应业务需求，不断跟着业务走。其在培训需求分析环节，从业务部门的目标管理入手，分析绩效和知识技能要求；在设计、开发与实施环节，进行知识技能的提升。利用这种方式来响应业务需求，业务经理为员工设定目标、提供辅导和反馈，确保理论真正与实践相结合。华为大学的业务运作流程包含了需求与营销管理、课程开发、销售推广、项目管理和订单履行五个环节，建立了与集团的紧密互动，涉及人力资源部、市场部、EMT（Executive Management Team）等各个部门。

3. 业务经验的快速复制

企业大学学习项目的导向性较强，着眼于解决实际问题，这是设计密切联系业务的学习项目的关键。通过分析国内实例我们能够得知，用友大学在这一领域的表现较好。田俊国校长详细阐述了"培训需求研讨"机制的经验。按传统模式，编制培训计划时，向两个部门发放需求调研表，一般来说，后者往往敷衍塞责，导致培训计划和业务需求有所脱离。而用友大学往往结合两者力量来进行行动学习，大家一起商量怎样以学习支撑当年的业务重点，确保培训计划和企业战略有机结合。华为大学坚持业务发展和客户服务优先的原则，致力于全面技术和管理方案的解决；同时，开放分享企业管理实践经验，引领同行业共同提升竞争力。企业大学的外部职能主要是关注现有客户及潜在客户、供应商及利益相关者，提供产品和服务，与企业生态链上的利益相关者共享共赢。企业大学的价值表现之一是构建与业务相关的学习项目。用友大学为加速体现自身价值，每年均会为各序列开发1~2门与当年核心业务策略关联的精品课程。其利用一系列的精品课程，使业务部体验到独特的培训，迅速确立了自身的重要地位。GE 克劳顿领导力发展中心的重点在于发展领导力，深度结合业务推广企业发展战略。其作为独立的成本利润中心在 GE 内部运作，对外专注于高端圈层，对内则低中高层全面覆盖。

第二节　企业大学的功能

企业大学的目标是培育具有可持续驱动的创新能力和领导力的人才，为企业持续创造新需求。企业大学的角色功能决定了其类型。关于企业大学的模式类型，国内外研究较少，现有对于企业大学分类的研究也较多集中在发展阶段、教学模式、培训对象及办学主体等方面，并未从企业大学核心知识功能视角提出相应的企业大学分类，也未构建企业大学能力支撑体系。按照企业大学承担的战略任务，可以将其划分为以行为强化为目标的企业大学、以管理变革为目标的企业大学和以组织塑造为目标的企业大学三种类型。

一、服务战略并赋能企业

Nixon 和 Helms（2002）提出，企业大学的核心功能是加强对员工的继续教育，进而提升工作能力和工作效率。理查德·迪积（2000）认为，一个组织发展下的专业管理流程系统，在演变的商务环境中，不断为企业注入一种尊重知识、以才领导的企业文化。他认为，企业大学体现了商业环境的动态变化，是一个专业化的管理流程，需要企业持续加大资源投入，打造真正的学习型组织，进而推动组织的持续发展。企业大学自身的持续创新能够为整个企业的战略变革和创新注入新鲜血液。赋能战略就是从覆盖全局的战略高度吸纳、整合、利用企业内外部各种重要资源达成企业使命。企业要在白热化的竞争中获取竞争优势，就必须抓住当下的学习机会，不断提升管理能力，为自身赋能。

1. 企业的战略是企业大学业务需求的总来源

在 VUCA 时代和企业转型变革中的混序状态下，战略导向决定需求导向，坚持聚焦企业战略并不断增强混序管理能力，对企业大学而言是极为关键的策略。企业大学只有坚持从发展战略出发，动态地掌握客户需求并准确而有效地满足这些需求，才能真正成为客户可以信赖的业务伙伴，才能不断增强与客户的黏度，从而有助于巩固自身价值地位。企业总体战略导向下的业务战略能折射出企业长期的人才战略，有助于打造学习型组织，以人才战略推动企业战略的实现。换言之，企业大学培训价值的最终体现就在于是否促进了企业战略目标的实现。

（1）赋能产业。海尔的 COSMOPlat 平台不仅激发了海尔的新动能，还实现了跨行业的复制，通过赋能中小企业，助力中小企业提质增效、转型升级。海尔大学为智慧家庭生态赋能，三大平台引领行业发展。在开放的环境下，依托平台的创新能力和技术支撑，海尔成为物联网时代智慧家庭行业的引领者。海尔通过不断构建和丰富智能场景生态，与行业资源协同增值，共同构建物联网智慧家庭行业大生态，引领物联网的未来，为智慧家庭行业赋能，成为行业标杆。

（2）赋能创业。依托海尔品牌背书，顺逛聚合海尔内部资源、社会化品牌资源以及创新孵化资源，搭建起一个诚信的、有温度的社群交互平台；以社群交互机制为驱动，以专业的个人学习成长机制为保障，顺逛赋能创业者，为其提供完善的个人学习成长路径，搭建起一个开放的零成本、零风险的创业平台。作为开放的创新创业平台，顺逛以海尔产品及品牌优势、强大的用户社群、领先的OSO 交互模式等为支撑，不断完善平台创业实践机制。此外，顺逛致力于发展多元化的生态社群，为大学生提供多样化的创业平台，助推高校教育创新。通过赋能高校大学生，顺逛帮助大学生提高创新创业能力，截至目前，已发展 7.9 万名大学生成为微店主，开启了高校大学生零成本创业之路。

（3）赋能员工。互联网时代的员工需要的不是激励，而是赋能。赋能就是提供给员工能够更高效创造的环境和工具。赋能员工的组织一旦产生，必将开始其顽强的生命成长之旅，让每个员工成为自己的 CEO，体现出价值和活力。企业从管控型组织转变为赋能型组织，企业大学落实战略转型与战略落地，进一步激发管理团队的二次创业激情、奋斗精神、使命感、责任担当和变革创新意识。海尔的"人单合一"，"人"是员工，"单"是用户需求，在用户与生产零距离接触过程中，企业的决策权和运营管理权转移到员工身上。"人单合一"激励员工从生产者变为内部创业者，企业由雇佣制变为合伙制，员工人人都是CEO。平安大学设计了培训管理者赋能项目，该项目拓宽了培训管理者的认知视野，提高了其业务能力，激发了其创新思维，帮助平安集团下属各专业公司的培训管理者通过其专业能力更有效地助力业务转型及业务持续发展。项目设计从帮助培训管理者从战略视角梳理战略与业务、深度挖掘用户需求，到设计契合业务的学习项目及实践，再到融合企业文化、核心价值观，最终回归到关注培训管理者自身的职业生涯规划，成就更好的自己。在每一个阶段的落地方案上，从主题工作坊到业务交流会，到实践工作坊，再到跨界学习，形成当期主题的小闭环。经过系统学习，培训管理者能依据对公司战略目标的深入理解，设计系统的学习解决方案，并推动方案的有效执行与落地。

2. 企业大学上接战略下接绩效

企业大学具有战略性的培训功能，通过达成战略共识，高度认同战略变革，最终改变行为。国网苏电大学的建设和运营紧紧"上接战略"，合理制定人力资源规划，把企业人才培养与职业发展规划紧密结合，为企业发展储备不同种类、多种层次的骨干人才，建立企业战略导向下的员工职业发展实施路径，实施人才盘点，建立稳健的人才梯队。当企业战略发生重大变化和调整时，企业大学将对企业战略及时进行解读，同时对员工的素质能力进行胜任力分析，分析员工能力与新战略执行落地的差距，迅速开发设计新的学习项目，实施跟进式培训，提升员工的职业胜任力，推进企业战略落地、决策高效执行，促进绩效改善。百度直销营销服务联络中心通过引导业务团队探讨项目，梳理业务关键价值链，从学习设计出发，基于岗位体系化、场景化内容输出，融入问题解决及标杆打造，设计完整的学习体验。在实施过程中，项目明确了两大工作核心，分别是"技控"和"人控"。第一条线：技控，自上而下抓核心。项目基于绩效改进项目特性，在项目设计初期通过明确关键任务，明确项目推进关键流程。项目基于管理层设计两大重点：一是关键价值链业务重构，通过绩效改进工作坊外训及回炉，组织管理层深入挖掘业绩提升机会点、重点和痛点，明确管理核心；二是核心管理层提升，通过管理能力诊断和干预多重手段融入，激发改变动机。同时，在区域内部统一管理语言，夯实管理基础。第二条线：人控，自上而下抓基础。基于一线销售轻量化的学习需求，从四个维度展开："培养什么"，重点关注影响绩效的关键场景、行为和问题，基于场景梳理让员工知行合一；"怎么培养"，即分为"界定问题—经验萃取—实施运营"三个阶段实施；"输出内容"，即先重点，完成线上微学习设计，后体系，完成线上线下联动设计；"学习周期"，即分阶段实施，并完善线下跟进、竞赛挑战等运营机制。项目最终通过引入绩效改进思路，多维度推动业绩提升，有效助力中心业务变革，构建良性业务循环。

3. 企业大学赋能业务

企业大学是赋能机构，要为员工和组织改善绩效提供适当的工具与方法论，帮助企业领导层策划和推动变革。做到这一点的前提是，企业大学要具备足够专业的能力。其专业能力的形成与增强在于保持对业务的熟稔，对趋势的洞察，对先进工具与理论的持续学习和探索。华为大学秉持"训战结合、循环赋能"的教学理念，学习业务运营以项目为中心，核心业务围绕管理能力、专业能力和项目管理能力展开。华为大学的目标旨在为华为主航道业务培育和输送人才，赋予学员专业作战能力。所谓赋能员工，就是对经过基础训练后的员工给予再教育，根据具体的岗位职责和要求提供特定的职业培训和管理技能训练，赋能必须要支撑公司文化、管理平台和关键业务能力。训战结合是华为大学在给员工赋能时的主要特色，是指训练和作战一起进行，在赋能过程中将实战训练简单化，不给员工讲原理，直接讲作战。比如，所有训练的表格要和华为公司的实际操作表格一模一样，工作中用到的代码、标识符等也要一模一样。同时，不断强调循环赋能，注重从项目管理与经营实践中选拔发展后备干部，将培训的考场和业务的战场紧密结合。

业务赋能类项目更注重业务支持，通过项目实施解决业务实际问题。华润大学综合研究国家政策环境、商业环境变化以及集团业务性质，决定采用"华润产业创新加速营"作为助力华润产业创新的破局点，以创新反哺产业，助力业务成长。在项目设计方面，华润大学将加速营项目规划为三个阶段：第一阶段是激活氛围、意识觉醒，在集团内部营造创新氛围；第二阶段是沉淀方法、拉通产业，通过加速营沉淀属于集团的创新方法论；第三阶段是内外结合、形成生态，将开放式创新平台打造为创新生态圈，整合内外部资源，驱动集团创新发展。在此基础上，加速营确定了三大目标：一是孵化与培养创新项目及人才，加速孵化 10~15 个内部优质创新项目，发掘并培养 30~50 名具有创新意识和创新精神的内部创新人才；二是夯实创新文化，传播创新意识，增加线上赋能，服务更多创新项目，利用互联网模式提升全员创新文化及创新意识；三是强化华润创新品牌，让华润产业创新加速营成为内部甚至行业标杆，同时汇合更多外部资源助力华润创新转型发展。

二、建设关键性人才梯队

随着国内企业大学运营不断趋于成熟以及培训行业整体发展越来越专业化，大家普遍意识到仅靠单纯的培训或课程很难有效提升员工的能力，达成组织的战略目标。由于企业对人才越来越重视，因此更需要企业大学能够为企业源源不断地输送各层级的关键人才，进行关键人才梯队建设。正如泰瑞在《ATD 人才管理手册》中谈道，人才梯队建设的核心是确定目标，包括关键岗位的识别、对于关键岗位上后备人员的需求。无论是内部培养还是外部引进，为岗位配置合理的人才都是企业持续发展的动力。因此，企业大学的人才培养是一个组织诊断、组织架构设计、岗位设计、能力建模、人才测评、人才盘点、人才分层级分类型的系统化培养的人才发展循环。

1. 战略性人才的培养

围绕企业战略培养出有用的人才，不断解决企业经营中的问题，推动企业经营管理水平不断提高是企业大学真正的绩效体现。企业大学的学习者、教学者都是生产实践者，具有较为积极主动的学习动机、明确的学习目标、深刻的实践感悟。国美管理学院通过设立大区学院实现国美电器的长远战略规划，打造了一个从上到下、从总部到区域的完善的人才培养体系，培养公司持续发展所需要的人才和技能，成为企业战略、文化和人力资源开发交融的场所。联合金融大学打造出"金印计划"人才培养项目，项目以"217"为底层培养模型，确定了"12345"总体架构。"217"培养模式，即 20% 的时间进行线上测评调研，帮助高管进行自我认知；10% 的时间通过讲师授课、团队熔炼活动，促进团队融合；70% 的时间则用于在岗实践，通过线上线下行动学习，推动授课转化、业务协同，让学习价值最大化。"12345"总体架构，即一年期限、两个班级、三个阶段、四个维度、五个研究成果，其中四个维度是指通过学员、团队、业务、大学四大维度的明线暗线，精准把握项目切入点。针对学员维度，通过测评工具、专题培训以及后期的辅导跟进，建立人才档案，实现人才评价；团队维度则需要通过设计团队发展活动，开发团队诊断报告；业务维度主要是组织学员分享，建立协同小组，创造交流机会，加速业务协同；大学维度则是围绕项目的专业设计、研发创新和高水准运营，在保证项目实施的同时锻炼团队。最终，通过一年的实施周期，"金印计划"借助"总部先行—总分熔炼—分部融合"的传承设计方式，成功将组织变革的精神传递到整个高管团队，有效实现了项目培养目标。

企业大学除了对领导力的培养之外，还肩负着为企业培养专业人才的任务，随着企业的分工越来越细，需要大量的专业人才，采取"项目驱动+项目运作+共享平台"的人才培训发展整合工作体系模式。这些专家型的人才在企业起着重要的作用，特别是研发领域人才，没有几年培养根本不可能成才。专业性人才的培养不是一蹴而就的，这也是企业必须认识到的问题。企业大学根据企业发展战略需要，每年可以有针对性地对专业性人才进行培养。中国一汽面临中美贸易摩擦和汽车市场低迷的行业寒冬，同时面临新能源汽车、智能网联技术快速发展，智能驾舱网联成为差异化竞争的关键挑战。中国一汽主动从传统制造向智能制造转变，创新运营模式、组织流程、生产工艺，在全新能力要求下人才全面升级成为其唯一选择，开展了智能网联电人才培训、新能源人才专项培训、数字化385计划、技能人才转型培训等红旗工匠专项培养计划。数字化385计划是为助力集团数字化转型全面启动的培训活动。"3"是指三类群体：第一类是领导干部，掌握领导力+数字化思维，引领部分数字化转型；第二类是传统业务人员，掌握传统业务+数字化技术，设计岗位数字化场景；第三类是数字化人员，掌握数字化技术+业务，实现数字化场景。"8"是指八个培训项目（见图4-4），其中领导人员数字化思维培训中有数字沙龙、数字化公开课、数字化干部特训营三个项目，传统业务人员数字化技能培训中有全员数字化基础培训、技能人才数字化转型培训两个项目，数字化人员业务能力培训中有数字化部人才培训、智能网联开发院人才培训、数字化技术社群学习三个项目。"5"是提升各业务部门数字化能力的五个步骤，分别是业务数字化基础培训、设计部门业务数字化蓝图、确定核心能力、多种形式培养、针对性培训，通过针对性培养本领域数字化人才，提升本部门数字化能力。

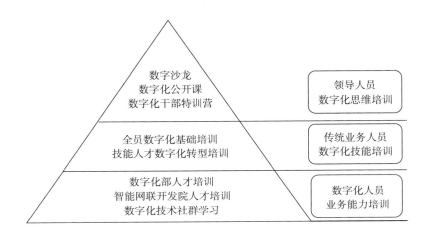

图4-4　一汽大学数字化培训项目

广州地铁启动了战略性人才培养项目，针对项目时间跨度长、覆盖面广、层级多、协调难度大等特点，地铁大学参照六度设计模型，分三个阶段进行项目实施，通过混合式学习方式增强学员体验感，同时嵌入行动学习环节提高学员认知及行动转化能力，最终促成业务目标的实现。

一是关联度，以战略和挑战为导向，聚焦核心人群。项目聚焦内外环境变化带来的机遇和挑战，从使命愿景出发，从上到下进行战略研讨行动学习，逐层深入，进行各层级干部的培训。

二是匹配度，从业务需求出发，匹配学习内容。项目基于业务场景设置培养目标，按照"职责—要求—能力—课程"的流程，层层分解确定培训内容。通过引进外部前沿及精品课程，同时邀请内部讲师开发适用于组织的方法论课程，采取必修+选修、线上+线下多种混合方式，解决业务难题，同时兼顾个人发展需求。

三是支持度，以组织氛围打造为手段，上下级联动，统一工作语境。项目同时纳入一级、二级、三级，一级基层党组织书记进行联动培训，促成学院行为改变和绩效提升，助推培训落地。

四是参与度，以行动学习为抓手，促进学习效能，沉淀经验标准。整个学习项目以行动学习贯穿全过程，以模拟实战、专项研讨、小组任务为主要手段，强调学习内容与工作实境的结合与应用，在解码集团战略的同时，沉淀组织经验与标准。

五是感知度，增强学习体验，提升学员学习热情。项目基于成人学习习惯，对学习流程、学习环境等多方面的体验进行精心设计。

六是实践度，延后学习终点，以实践检验学习成果，项目除了针对培训效果检验设置测评考核之外，还针对转化效果检验制订绩效追踪计划，项目整体时长延续一年，充分关注学员训后转化。

2. 合作伙伴的人才培养

Holland（2006）对企业大学发展历程进行了划分，认为在萌芽阶段，企业大学几乎不与外部合作，只在企业内部培训全体员工。在管理变革阶段，企业培训对象扩展到产业链成员，并与外部高校合作。在创建学习型组织阶段，企业大学甚至发展成为利润中心，不断拓展内外部联系。随着科技的飞速发展，员工技能的增进以及与企业发展的匹配是企业关注的焦点，要求企业大学逐渐扩展其功能，不仅满足企业员工的学习需求，而且为产业链提供学习内容。

一个企业的管理能力已经不仅仅体现为内部控制力，整合上游和下游供应链的能力对于企业的成功也越来越重要。通过对特变电工培训学院和华润大学水泥学院两所企业大学管理者的访谈发现，两所企业大学目前仍局限于企业内部的培训，并未涉及整个产业链。但两所企业大学的管理者均表示，希望未来企业能够走在公司战略发展的前端，成为企业战略变革的引领者。要将培训从企业内部走出来，企业大学除了要满足组织学习发展外，还需要协助战略落地，支持企业变革，打造与时俱进的企业文化。特别是在我国经济技术转型发展和新常态战略实施的时代，企业大学还需要应用多元信息、跨界整合等手段不断丰富其内涵。目前，我国大部分企业大学尚未达到整合价值链的发展阶段，要发挥价值链整合的功能，还需企业大学进一步探索发展途径，提升所在企业及企业大学的知识能力。在当今的竞争环境中，教育是企业竞争中最无形的武器，企业在打造和维护自己的价值链的同时，还需提升企业和价值链上所有合作伙伴的人才竞争力。在以共享经济、跨界合作为主题的时代，企业大学除了为企业培养内部人才，还应该以企业价值为主线，主动延伸服务内容，对企业价值链上的合作者进行培训，促进企业内外部的交流衔接，推进企业发展。企业大学对价值链上的成员进行培训，既能够获得一定的资金来源，减轻企业的培训负担，又能够更准确地解决企业价值链乃至行业的问题，有利于企业更好地实现其发展战略目标，成为行业的"引领者"。

企业的降本增效不完全是从企业内部去降低成本，而是从整个产业价值链上思考如何降低成本。现代企业大学的培养对象扩展到了价值链成员，包括价值链两端的顾客和供应商，使企业员工、顾客、供应商都获取了实现企业战略目标所需要的知识、技能和能力，使各成员能成功地完成自己的工作，提高工作绩效。企业大学一方面能够促进公司不断提升实力，另一方面还能够推动企业价值链上的合作伙伴一起向前发展。腾讯大学不断缩短企业上下游之间的距离，而且能够构建起一个比较稳定的关系链。对企业来说，得到客户以及供应商的信任是一件非常关键的事情。现实中，供应商的商品难免存在一定的规格与设计问题，为尽可能地避免上述问题，企业应当在前期为对方提供相应的培训，通过这种方式使对方知晓企业所需的产品品质与标准，最终有效降低自己的成本。应当把自己的客户视为培训对象，时刻关注他们，及时把握他们的动态，对他们进行更加系统的管理。在培训过程中应尽量扩大培训对象的范围，拓展至自己的合作商，整合整条价值链。现代企业大学的培养对象更加广泛，进一步巩固了与所有成员的关系，促进产品、服务流程的改善，可以更好地开拓和占领市场，增加与价值链成员单位之间的黏性。我国大部分企业大学尚未达到整合价值链的发展阶段，若要发挥价值链整合的功能，还需企业大学进一步探索发展途径，提升所在企业及企业大学所具有的知识能力。

3. 高潜人才的培养

人才发展类项目更注重人才的培养，通过项目实施促进组织与人才发展。高潜人才是在保持高绩效的同时，具备领导意愿、取得成功的能力以及对组织有着更高敬业度的人才。高潜人才是对人才质量与结构关系密切的人群，他们对组织战略的落地、业务的发展、梯队的优化与建设至关重要。红星美凯龙影业启动了"腾飞计划"，致力于解决企业高潜人才培养的问题。"腾飞计划"从外显与内涵两方面综合考虑，课程学习线、项目运营线双线并行，对学员进行培养，分六个步骤具体实施：一是建立人才库。针对人才盘点，公司已经形成一套选拔高潜力人才的评估维度和依据，从工作贡献、能力素质两个维度进行评估，由地区中心和职能中心上报候选人后，通过个人 SWOT 分析、面谈及职业规划辅导，帮助候选人认清自我的强项与弱点，制定适宜的职业目标与路径。同时，通过人才盘点全面了解学员情况，建立人才库，为后续人才培养工作提供参考。二是精分培训对象。项目针对现任专员设置雏鹰组，现任主管设置猎鹰组。同时，结合人才盘点过程中对学员管理知识基础和水平的了解，在正式培训中有针对性地提供学习环境和资源，发挥学员自身优势。三是设计培训内容。培训课程主要围绕公司对于管理人员的能力素质要求。四是还原管理场景。项目通过还原现实中对抗、资源分配不均、优胜劣汰等管理场景，实现学习与实践的有机结合，帮助学员对课堂所学知识进行学习转化，同时挖掘高潜力学员。五是训后行动学习。为了促进学员将培训中的热情延伸到工作岗位中，项目组会对学员表现进行一对一的反馈和评价，同时组织学员结合实际工作内容制订行动计划，营造学习思考的工作氛围，并用于工作改善计划。六是关注成长进步。为保证培训效果落地，在学员制订行动计划并自主实施的同时，项目组会邀请直接上级参与关注，跟进成长，及时反馈表现，并根据学员所遇问题予以辅导。同时，项目组也会组织学员参与岗位轮换，项目制工作体验帮助学员运用所学内容，加速成长。项目从管理人员所需具备的核心能力素质着手，贴近公司发展及人才实际现状，通过模拟真实管理场景，在赋能人才的同时，有效挖掘人才的管理潜力，推动公司管理人员人才梯队的建设。

三、催生知识生产和共享

企业知识管理是通过对企业内部隐性知识的捕捉、转化、传播、共享、保护等活动进行组织管理，实现组织智商提升，促进组织进化的过程。野中郁次郎

（2006）提出了关于隐性知识与显性知识之间互相转换的 SECI 模型，提出知识转化有四种基本模式：社会化（Socialization）、外化（Externalization）、组合化（Combination）和内化（Internalization）。在 SECI 模型中，隐性知识和显性知识相互转化的四种模式都有一个对应的情境或场所。创始场所对应知识创造的社会化阶段（潜移默化阶段），个人之间面对面的接触交流经验对隐性知识的转移和转化非常重要，企业大学的"师徒制""导师制"就是让员工之间充分接触，增加交谈和沟通的频率。对话场所对应知识创造的外化阶段，将有特定知识和能力的员工组成跨业务单元小组，互动探讨，开放对话，将隐性知识转化为显性知识，创造新知识和新价值。企业大学的创新活动项目就是知识转化的对话场所。系统化场所对应组合化阶段，也称计算机场所，把新显性知识和已有的知识资源组合，形成更新的系统化的显性知识，通过在线网络、文件和资料库等强化知识的转化程序，如 E-Learning 系统。练习场所对应内化阶段，为组织知识的内化提供场所，以观摩、演练等方式学习并应用，将显性知识内化。企业大学通过岗位轮换、实习、实操演练等多种方式将显性知识内化，进而培养员工。

知识转化是企业大学的核心组成部分，也是企业大学教师学习共同体的内部保证，它不仅能助推企业大学教师境域知识价值的实现，而且能够帮助企业大学教师在共同体中更有效地学习与进步。因此，打造循环开放的企业大学教师知识创新机制很有必要。企业大学教师知识创新机制应当符合知识转化 SECI 模型的基本样态，但又要有所区别，更多地体现出企业大学教师学习共同体情境对知识创新的有力支撑，更多地展示出企业大学教师个人与企业大学教师学习共同体的场域配合，更多地表达出境域知识在个体与共同体中的获取、存储、共享、应用等转化过程，同样将其以可视化的模型来表示。这无疑是一个高效的动态学习机制，个人层面知识与共同体层面知识的相互转化成为了知识创新机制发展的内在动力，并不断推动着企业大学教师学习共同体集体智慧的创造和共同体成员个体智慧的最大化发展。

陈蕴琦和徐雨森（2019）认为，知识转移是企业大学的基础功能，利用学习项目的设计帮助学员开拓新思维、掌握新技能，推动知识生产和知识孵化。知识转移、知识创造和应用孵化三种知识活动间存在互促关系。企业大学从知识管理视角可以分为知识转移活动主导型、知识全息活动趋强型、知识活动全面耦合型，以上三种类型的企业大学均需具有相应能力的支撑，具体表现为支撑企业大学发展的不同关键活动，如表4-1所示。

表4-1　企业大学支撑能力组合

企业大学类型	支撑能力组合	关键活动	典型案例
知识转移 活动主导型	师资网络能力、知识吧能力	内外聘师资、搭建培训硬件平台、营造知识交流氛围	中兴通讯学院、TCL领导力开发学院
知识全息 活动趋强型	师资网络能力、知识吧能力、内知识流程梳理能力、外知识流程梳理能力	研发人才、技术咨询讨论空间、探查企业知识缺口、信息聚合、技术咨询、面向生产的基础研究、组织协调产业技术联盟、知识跨界寻求	海信学院、宝钢人才开发院
知识活动 全面耦合型	师资网络能力、知识吧能力、内知识流程梳理能力、外知识流程梳理能力、知识协同能力、创新孵化能力	内外部师资均衡、深度互动混合环境、内外知识聚合、知识跨界利用、产业链耦合、协调基础项目合作应用、前沿知识探查能力、创新平台搭建	华为大学、海尔大学

　　企业大学最关键的一个功能是在企业职工中创造、开发、分享知识，它是知识管理的推动者，其组织学习与知识管理之间应该是彼此促进的。我们知道，培训与企业的一些过程是有机结合的，企业大学非常易于在各个环节中创造、管理知识。知识创造对于企业大学是非常关键的，企业大学传递企业的核心知识，其价值同样来自企业的核心知识。中铁四局企业大学在岗位胜任力模型、学习路线图和学习工具开发、线上线下课程开发等多个方面大量运用案例开发技术、萃取技术等专业工具做好知识萃取，重点打造面向全局员工的在线学习平台"出发"，下大力气开发并制作线上课程，通过开展线上培训、直播以及采取"精神奖励+物质奖励+置顶推介"激励机制等一体化管理方式保证平台的黏性与活跃度。

　　企业的课程体系多数来自企业知识，同时，知识管理还能够明显改善企业职工的效率，降低由于职工的流失而引起的无形资产损失。信息化的推进，为其顺利进行知识创造、管理营造了一个合适的平台。现阶段，企业大学中的知识管理均依托信息化方法来进行。根据吉本斯（2011）的研究结果，知识生产能够进一步划分成模式 1 与模式 2，对于前者来说，即指基于科学研究，以单学科研究为主；后者是指在应用环境中，注重研究结果的绩效与社会效益。布拉斯（2005）在研究过程中指出，企业大学往往比较注重绩效的知识生产，为那些关系企业战略的业务服务，因此，其主要是通过知识生产模式 2 来开展培训工作。根据 OECD 的相关标准，企业中 know-what、know-why 有关知识偏少，它们实质上和企业绩效不存在直接的联系，所以大部分企业对它们比较忽视，它们通常来自高校或科研部门。而企业中存在许多 know-how 及 know-who 方面的知识，这两方面非常重要，前者和企业绩效有着直接的关系，也是企业必需的。后者对于企业也非常关键，中兴通讯学院曾经明确指出，知道知识点会在谁身上非常关键。从知识生产模式的角度进行分析，企业大学基本上开展模式 2 的知识生产；从其类型进行分析，其创造的大部分是 know-how、know-who 方面的知识。其在很大程度上促进了企业的知识管理。我国中小型企业大学也非常重视知识管理的建设，以共享知识体系为基础，开展各类管理咨询活动，完善企业管理制度，诊断知识缺陷及绩效瓶颈，改善流程等，将中小企业知识编码，通过内训师对知识进行传播。

四、塑造与传承企业文化

1. 聚合核心价值观

企业大学是培养企业文化的最佳土壤。企业大学会依据企业文化来制订相关的学习计划和培训内容，使其发展与组织文化保持一致。企业大学在实现企业战略的过程中又影响着企业文化，为提高员工的学习整合能力及综合素质予以直接的支持。企业大学是传播企业文化最好的平台。企业大学为员工营造良好的学习氛围，促使员工与组织之间顺畅地交流沟通，向员工传递企业的组织文化，使员工了解和认识企业，并且认同和接受企业文化。企业大学中的讲师更是传播企业文化和价值观的得力助手。作为讲师的高层管理者或业务骨干，通过授课交流的方式，能够增强与员工的沟通，获取反馈意见，打破层级关系，推进企业文化的建设与传承。

企业大学不仅要为企业培养职业化人才，更需要在这个平台里沉淀和发酵的是企业的文化、价值观和管理哲学。企业文化是一家企业区别于另外一家企业的重要标志。企业文化存在差异，造成了核心价值观的区别。因此，对于企业来说，如何让员工的思想和行为符合企业的核心价值观是非常重要的。根据组织文化的性质划分，组织可以分为两种：一是以信仰为主要追求理念的信仰共同体，二是以利益为主要追求理念的利益共同体。企业大学的文化具备信仰共同体特征，其目标价值聚合程度较高，员工的组织承诺较高，其中包括情感、义务方面的态度承诺。移动互联时代的企业正在逐步形成"去中心化"的自组织，有形的组织结构将面临散落，而无形的文化将聚合员工的智慧、心智和价值观。企业大学的重要功能之一就是企业文化传承，在员工培训中，适时导入企业文化内容，并在日常的培训中宣扬企业文化，把企业文化融入培训中，对于企业提倡什么、反对什么，立场鲜明。不能仅仅把企业大学视为企业内设置的培训机构，而应当是基于企业战略发展目标的全新组织理念，主要目的是提升所有职工的积极性和责任感，这是由于其具有传播企业文化的作用，同时在企业发展、变革等方面也扮演着举足轻重的角色。

随着企业越来越大，发展速度越来越快，如何确保新员工符合企业的核心价值观非常重要。企业大学把企业文化传承作为一项重要的功能因此就顺理成章了。海尔大学在初创阶段的主要功能是对集团员工进行培训，尤其是辅导新员工快速适应企业。特别是在中高层管理人才的引进方面，很多人都已经有自己的固定思维模式和价值观，因此在人力资源招聘时就需要把好关，选择适合本企业的人才，认同企业核心价值观的人才才能招聘录用，不因对方能力强而忽视价值观这个重要因素。通过对企业核心价值观的宣导和日常润物细无声的影响，把员工变成企业人，凝聚员工，让他们能很快融入企业。

2. 传承企业精神

我国企业大学在经营运作过程中均形成了良好的企业精神，为全球各地所熟知，发挥着文化传播与分享的作用。同时，它能够合理地把文化发展和职业生涯规划进行有机结合，在很大程度上推动了员工的发展，并且还使员工与企业的发展方向相一致，对企业的长期持续发展起着重要的推动作用。在"大众创业、万众创新"的政策号召下，企业大学注重高管层企业家精神的塑造，注重员工创新创业精神的培养，激发员工的创新创业能力。TCL 集团领导力开发学院围绕企业精神搭建培训体系，以企业精神作为员工的行为准则。TCL 抓住典型时期的典型事件，学习李东生董事长《鹰之重生》的文章，做好接受痛苦煎熬的准备，最终鹰击长空。鹰的精神成了 TCL 企业精神的代表，企业大学趁机启动了具有里程碑意义的首期精鹰工程。

3. 塑造品牌形象

企业大学的文化品牌建设联合外部力量，提升品牌曝光度，强化品牌感知力；通过构建行业生态联盟，凸显企业品牌，对外赋能，构筑品牌对外传播的窗口。企业大学不但对本身的品牌进行了营销，而且在很大程度上对企业的品牌进行了宣传，无论是与其接触的团队、企业内外部学员还是相关部门，通过对它的深入了解，更好地掌握公司情况，这在很大程度上能够使企业大学及企业的品牌影响力获得较大提升。企业大学要整合品牌传播的渠道，包括线上线下、传统媒体与新媒体、内部与外部等，了解各个传播渠道的覆盖范围和影响力，尤其是外部传播将会影响客户对企业自身品牌的感知。企业大学为实现自身的愿景而向业务合作伙伴宣传，且对其实施说服与激励；在工作中实现水平化沟通，获得其他团队的肯定与认可，最终获得公司内部其他员工对学习项目的认可。在一定意义上，其内部人员一定要与各个部门的管理者交流、协调，确保组织可以从学习项目中实现既定目标，且通过交叉学习在各方面确保高效。鉴于此，企业大学一方面应当拥有较强的沟通能力，另一方面还应当充分理解业务方面的内容，这样才会真正对公司的业务部门产生强有力的影响。企业大学是企业的无形资产，可以提升企业在行业内的知名度和美誉度，扩大品牌影响力。

五、整合资源共建生态圈

1. 共建学习生态圈

不同于传统培训中心，企业大学要成为一个平台，为企业各类学习主体和企业内外资源提供快捷有效的对接机会。在这个平台上，企业大学应当发挥主导作用，去中心化，发展一个学习主体与资源要素共建共享的学习生态圈。企业大学是打造各类学习与资源的专业化平台，构建企业学习生态圈，其根本目的是促进企业组织及其人员在平台上和生态中更加便捷有效地获取价值、实现发展，并通过这种运行方式增强与客户的黏度，在运营服务中彰显自身的价值。为进一步丰富和整合学习资源，在当下的"互联网+"时代，企业大学不仅要成为客户的业务伙伴、员工的学习与发展顾问，还要积极施行"用户创造内容、员工创造课程"等诸如此类的新模式，调动用户与学员的智慧和力量，共同参与企业学习生态圈的建设。伴随海尔集团由企业向创客平台转型的步伐，海尔大学也由传统的培训部门向开放的学习生态圈转型，企业开始打破传统科层制，打造创业生态的管理创新。

2. 从人才培训到创客加速

互联网时代，海尔向人人创客转型，探索从HR（人力资源）转型为ER（创业者资源），驱动员工从原来的被雇用者、执行者转型成为创业者，变传统的"他组织"为"自组织"，通过搭建开放的创业平台，帮助创客创业成功。作为创客孵化的加速器，海尔大学不拘泥于传统企业培训，而是从业务出发，帮助内外部创客落地创新成果，节约成本。除此之外，海尔大学还作为内外部资源交互的平台，源源不断地碰撞出新的投资项目，比"创客+"私董会通过吸附创业资源，实现创业增值，这都是用培训撬动商业价值的实际办法。更为重要的是，海尔大学将海尔互联网转型的经验沉淀，对外社会化输出"人单合一"模式以及大共享平台等优秀实践。在人力转型的探索中，海尔大学聚焦创客加速培养，整合全球优质资源建设系统化、便捷化的企业学习平台，并通过与用户实时互动交互，为小微企业提供个性化培训解决方案，"小微+"助力组织转型及创客加速。

海尔大学还聚焦创客孵化加速和小微生态圈建设搭建了开放的并联交互平台，探索自组织、自学习、自发展的学习模式；借助集团用户资源和产业资源，吸引高校、创客项目、政府政策、创客联盟等，形成校企政府开放联盟的集聚效应，为小微生态圈创客提供自组织、自学习、自发展的平台和吸引生态资源，建设多品牌线上线下、全流程的学习平台和资源。海尔大学通过创新实践为"企业平台化、员工创客化、用户个性化"时代下的企业大学模式突破和创新提供了标杆参照。

六、提供创新孵化的动力

企业大学创新孵化不仅能够让企业大学更好地发挥应有的作用，而且对于企业新型业务的发展也起着不可忽视的作用。不同的企业大学依照不同的创新孵化角色定位、价值主张、资源配置以及服务内容等情况，选择适合自身的创新孵化类型，这样才能使企业大学创新孵化发挥最大的作用。为了进一步对新兴业务进行培育，使其更好地发展，利用孵化平台吸引全球创新创业人才加入，企业提供资源支持，把内外部精英人才的创意转化为企业创造利益的新兴业务。创新孵化就是通过提供研发、生产、经营的场地、网络、通信以及办公等方面的共享设施，以及系统的培训、咨询、政策、融资、法律和市场推广等方面的支撑，利用丰富的平台资源，对接资本市场，降低创业成本和风险，增强创业项目的竞争力。最近几年，为了更好地培育新兴业务，创新孵化已经成为了企业发展新兴业务的必要手段，企业大学作为组织内部人力资本的运营中心，可整合内外部资源，进行创新孵化。

企业大学的创新孵化包括四种模式，分别是开放空间型、智慧平台型、项目孵化型和综合服务型，如表4-2所示。这四种模式既代表了四种不同的模式，也代表了新兴业务成熟度的不同阶段，具有相互递进的关系。

表4-2　企业大学创新孵化模式

模式	开放空间型	智慧平台型	项目孵化型	综合服务型
资源配置	场地设备、工作服务	课程及师资体系、专业外部研究机构	专业项目运营团队、完善管理机制	专业化运作团队、专业技术、工商税收政策及投资渠道
价值主张	提供跨界交流的创新空间	培育创新创业人才	培育创新项目	孵化出新兴业务
角色定位	企业内部第二空间	创新创业人才培养	创新创业项目孵化	创业全流程运作
服务内容	基础支持服务、活动策划宣传、运营维护等	培训辅导、人才培训、行业信息、交流活动等	专业服务、商业咨询、产品推介以及财务服务、技术服务等	融资服务、政策基金申报、优秀企业推介、聚集融资人等

1. 开放空间型

企业大学的功能将聚焦于整个生态链的相关者的学习发展以及企业文化的塑造与传播。企业大学从根本上来说是依托企业而存在和发展的，企业大学通过这个平台为企业更好的发展提供服务。从角色定位来看，开放空间型创新孵化被定位为企业内部的第二空间，也就是说，开放空间型注重的是服务质量和品牌效应，它通过提供跨界交流的创新空间实现更好的发展。

开放空间型需要企业提供场地服务和工作服务，而企业对企业大学的经费投入比较少，但要能够与各个机构保持紧密的联系，甚至可以邀请各个相关机构随时为学员答疑解惑，这在很大程度上能够节省企业大学的时间，提高培训效率。开放空间型企业大学可以营造积极交流的氛围，比如开放空间型企业大学建成后，共同参与建设的员工可以成为第一批学员，相互给予帮助和提供意见参考，这样可以实现快速试错，有效地避免同行业之间的竞争。企业大学要迅速找到各自的优势和特点，在开放空间中逐渐搭建起自身的学习生态圈，增强核心竞争力，在开放中领先，使企业可持续和良性循环发展。

2. 智慧平台型

智慧平台型创新孵化的角色定位是为企业培养创新创业人才，这同时也是其价值主张。在资源配置方面，建设智慧平台型基地需要企业提供课程、教师基地。智慧平台型企业大学的知识服务围绕母体企业的发展战略，以牢牢把握企业经营运作过程中面临的机遇，应对各种考验，对企业的管理进行改进，推动企业实现转型，从而实现企业的长期健康发展。如鲁商学院将自身定位于战略层次，确定了自己经营运作的目标——文化传播、管理变革，把学习流程、人才梯队、知识系统和流程整合为一体。企业大学开展创新创业人才培养，目的是以人才战略支持业务战略，支持组织实现变革创新。

3. 项目孵化型

项目孵化型即以创新创业项目为基础，注重对创新项目的培育，这也是其价值主张所在。在资源配置方面，项目孵化型企业大学提供专业的项目运营团队和完善的管理机制，能够提供专业服务、商业咨询、财务及技术服务以及产品推介等。海尔大学通过 Hi-study 平台连接全球资源，实现资源交互和产品共创，构建了创客学习知识交流平台和创新孵化开放式创新生态圈。韩都大学基于对互联网的深刻理解，在"三人制小组"基础上建立生态孵化平台，支持组织机构正常运行，产品小组只负责生产、销售，而将运营部分整体交由孵化系统，打造互联网品牌生态运营集团。

4. 综合服务型

与其他类型相比，综合服务型企业大学更为全面，其定位于创新全流程的运作，并通过创新孵化出新业务。在资源配置方面，综合服务型企业大学要求具备专业化的运作团队、专业技术、工商税务政策以及投资渠道等；从服务内容来看，综合服务型企业大学的服务包括融资服务、优秀企业推介、政策基金申报、聚集融资人等业务。

第五章　企业大学运营体系

　　企业大学要想创新发展，就必须优化整合运营环节，形成高效的培训系统。构建企业大学教学体系和管理体系，能够保障企业大学教学活动的进行和价值功能的发挥，实现业务绩效支持和企业战略支撑的目标。企业大学的战略是整个企业大学运营体系的"屋顶"，指导教学体系和管理体系的运行，如图 5-1 所示。企业大学的教学体系是整个企业大学的支柱和核心，在管理体系"基石"的支持下，教学体系有助于实现企业大学的整体战略，包括课程体系、师资体系、评估体系等内容。管理体系包括组织设计、管理制度、硬件设施、知识管理及 E-Learning 系统等，是整个企业大学的基础，提供制度、后勤、在线服务等方面的保障，保证教学体系活动能按照企业大学的战略有序进行。

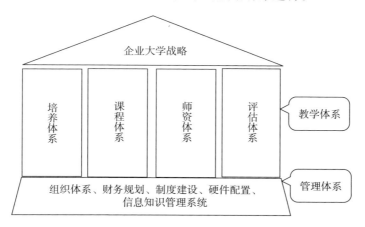

图 5-1　我国企业大学运营体系

随着我国企业大学从培训阶段、学习阶段、绩效阶段到咨询阶段的不断发展，运营管理经历了四个发展阶段：第一是事务管理阶段，培训以业务知识技能为主，无正式的组织学习部门和培训管理岗位，培训管理以基础行政管理为主，主要依靠经验。第二阶段是项目管理阶段，主要培训业务知识与领导力等内容，建立培训体系，开展项目流程化运营，管理逐步得到规范和统一。第三是资源管理阶段，设立独立的学习管理部门，注重培训管理效能，关注培训的投入与产出，对培训资源实施统筹、整合、集约化管理。第四阶段是战略与绩效管理阶段，围绕企业发展战略，探索建立矩阵式培训组织管理体系，以人才培训培养、绩效改进为核心，实施企业大学运营管理模式，开展培训效能管理与考核、员工培训满意度分析和学习项目评估等，探索培训对企业的价值。

第一节　教学体系

一、培养体系

1. 人才培养的模式

企业大学的人才培养模式是企业大学为实现继续教育目标而构架的教育教学样式，涉及专业设置、课程设计、教学方法、师资体系、培养路径等基本要素关键是解决培养什么样的人和怎样培养人的问题。企业大学的人才培养体系必须以学习发展为核心进行构建，即构建以学习发展为核心的人才培养七要素模型，如图 5-2 所示。

从作用上来看，七要素模型可以用来表述学习发展和有关要素的关系。它的出发点是组织能力分析，首先，建立起相应的能力模型，利用这种方式形成相应的人才评价标准，在此基础上，利用测评发现个人具有的优劣势，从而得到想要的个人发展计划；其次，对人才进行仔细盘点，利用这种方式发现公司的高潜力的人才，然后进行对比分析，得出相应的继任计划，从而确定相应的个人发展计

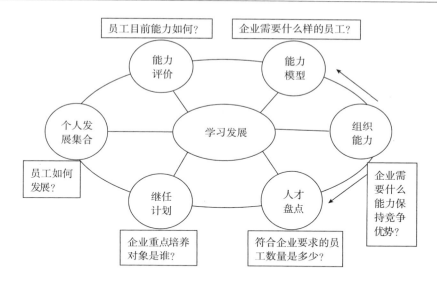

图5-2 人才培养七要素模型

划，由此构成一个科学合理的循环过程，学习发展将每一要素紧密结合在一起。七者共同组成公司人才培养系统的模块，唯有使培训体系和上述各个要素有机结合，才可使两者有机结合在一起。腾讯学院的人才培养类型分为三类：干部培训、职业培训、新人培训（见图5-3）。其中，干部培训的课程体系为现任中层干部培训、现任基层干部培训，经典项目包括飞龙、潜龙、育龙等；职业培训中，公司针对不同专业族群提供丰富的职业技能培训课程，同时也提供了丰富的通用技能类培训课程，经典项目包括新攀登计划、创意马拉松、名家之声等；新人培训包括社招新人培训、校招新人培训、实习生培养项目，经典项目包括毕业生回归日、腾讯达人等，帮助新员工完成向"职业人"的转变。育龙计划是针对以管理为发展方向的高潜员工而特别设计的领导力发展项目，让受训者能够转变角色定位、了解高校团队、学会工作管理等；潜龙计划是通过三天面授、研讨、案例分析、考试交流等学习环节，在管理干部的角色认知、对人才的选育用留的管理技能与公司制度等方面深入学习，同时还会为每位学员配备导师，安排挑战性任务，进行持续的在岗培训。作为腾讯的经典领导力培养项目，最具腾讯特色的培养项目——飞龙计划为公司的高速发展提供了充足的人才储备。

课程体系					经典项目		
干部培训	基层管理干部培养之组长 LDI				育龙	潜龙	飞龙
	基层管理干部培养之总监项目				管理启明星		
	中层管理干部培养之中干 LDI				新任总监训练营		
职业培训	针对不同专业族群，提供丰富的职业技能培训课程				新攀登计划		
	技术族培训	市场族培训	设计族培训	专业族培训 / 产品项目培训	飞跃计划		
					创意马拉松		
					高手在民间		
	公司提供丰富的通用技能类培训课程				名家之声		
新人培训	各事业群展开针对性的新人岗位培训				毕业生回归日		
	社会招募新人岗位培训		校园招募新人岗前封闭培训		腾讯达人		
Q-Learning、腾学汇、公众号等平台承载了海量的在线学习资源							

图 5-3　腾讯学院人才培养体系

2. 完整的继任计划

战略与业务的变革最终需要落地为人员能力结构的转型，需要实施完善的继任计划。人才盘点的价值在于根据现任者的评估结果，对人员进行分类，并制订相应的发展计划。对最佳者，应考虑加速其发展步骤，并加快对该岗位的继任计划；对中坚力量者，应给予有针对性的培训，帮助其进一步提升业绩和能力水平；对表现尚可者，应保留原位，适当考虑其下一步发展机会，并帮助其提高能力或业绩水平；对绩效不佳者和失败者，应给予警告甚至淘汰，在重点提供业绩和能力辅导的同时，必须加快对该岗位的继任计划。实施继任计划可以引导高层管理者运用规范化的人才盘点方法，科学合理评估组织内部的人才，创建优秀人才库，培养更多未来的企业高级主管；提升企业人才储备产生的竞争力，确保领导力的连续性，并缩短填补职位空缺的周期；为潜力员工提供上升通道，搭建职业发展体系；为企业人力资源规划、组织设计和人员提供有价值的基础信息。

企业的人力资源部负责制订并实施继任计划，而企业大学需要依据继任计划实施员工的学习成长计划。一个完整的继任计划由四个核心部分组成，包括能力评价、人才盘点、制订个人发展计划、设计培养项目支撑个人和组织能力提升。

人才盘点是组织实施人才战略的有效工具。通过培养项目和带教计划加速培养员工，企业大学一般采用在职训练、跟随训练、跨职能轮岗、代理某高级职位、导师指导、课程培训等多元化的方式实施发展计划，加速继任对象的成长，做到短期内接任重要职务或扩大相应的权责。

3. 领导力培养

领导力的发展是个性化的，并且行为的改变需要较长的时间。我国企业大学的企业管理人才的培养重点是领导力，通过新任经理、中层经理、高管等针对性人才培训项目，加强领导力培养，让他们能够适应未来企业的发展步伐，从而建立源源不断的管理人才梯队。很多企业快速发展到一定程度，往往发现企业已经没有人才可以用，自己培养已经来不及，就会通过外部招聘来实现。虽然外部招聘速度快，容易上手，但也往往无法适应企业文化，很难融入，所花的成本大，风险也大。因此，领导力培养也要未雨绸缪，通过企业大学的体系化培养，能够确保企业有人可用，在市场竞争中立于不败之地。可以借鉴惠普大学商学院的典型经验，其将培养优秀管理者作为重点培训内容，依靠惠普成功的经验积累，设计开发独特的课程，为管理者提供实践的参考和借鉴。

领导力的发展应该基于工作场景。在领导力培训中，高级领导力发展计划围绕战略经营、业务提升、团队建设，通过在岗实践、行动学习、课堂面授等多种学习方式；中级领导力发展计划一般用全流程管理、企业真实案例、业务实践及教练辅导的方式，企业培训和学习应更加注重实践性，注重现实问题的解决和实际经验的分享传播。案例教学和行动学习是应用十分普遍的实践性教学方式。案例教学偏重于从已发生的实践中总结经验教训，而行动学习主要是基于现实问题寻找解决方案，两者都属于情景式实践性学习，是企业培训备受推崇、效果显著的重要学习手段。行动学习是一种整合团队智慧、解决实际问题的方法论，是一套能够解决一类问题的流程和工具的集合。行动学习的目标是研究课题在企业真正落地实践，在实践中反思与优化方案。行动学习由发起者启动（通常为企业或组织的最高领导人），制定行动学习的战略、路线并组建行动学习小组。行动学习小组通常由企业中跨部门的中级或高级管理者组成，这些管理者接受发起者提出的企业面临的实际问题，以这些问题为导向，讨论解决问题的方法和方案，并付诸资料研究和调研等实践活动，穿插专题研讨会，最终形成向行动学习发起者或主导者的陈述。在陈述后，发起者与行动学习小组共同反思问题的解决情况与行动学习中的收获，并开始新一轮的行动学习，形成周而复始的学习过程，不断地为企业提供提升能力和解决实际问题的机会。实践落地型行动学习的实施关键是明确落实实践范畴，准备定义落实实践成果；通过引导工具与专业工具的融合，重新设计课堂现场的引导过程；提供必要的知识与工具的补充；集中阶段的咨询辅导与课后的跟踪辅导。

领导力发展的核心是促进学员的质疑和反思，最终目标是促进组织绩效的达成。携程大学发展了一系列学习项目，将"成才+成果＝成财"的模式不断深化、不断创新，最终搭建起携程中高层经理人的学习互联网，建设了携程的"学习地图"。教练辅导相对于传统的培养模式，注重人本主义，强调调动员工的潜能，探索适宜个人发展的工作方式，实现既定目标。经理人不应单纯注重自己目标的实现，应当尽可能地为员工实现自己的理想提供支持，在此基础上，实现团队的目标。教练辅导培养员工的良好心态，使他们用所学到的教练技术来自己发现问题。教练辅导的重点是解决问题，是"做"，其目的直指绩效结果。

4. 供应链伙伴培养

竞争战略之父迈克尔·波特（2014）认为，竞争优势来源于企业通过自身创新创造比竞争对手更大的价值。面对技术和市场的快速变化，企业大学要走出内部创新的藩篱，主动进行开放式创新，通过合作伙伴之间的协同与互补实现创新。

企业对企业大学的职能规划有所延展，如企业大学开始承接企业生态链的培训、企业文化的宣导和推广等工作。企业大学的服务能力已经不仅仅体现在内部控制力上，还体现在生产链上的企业及全社会提供专业咨询和全面解决方案的能力，以及对上游和下游供应链的整合能力上。企业大学需要持续强化对供应链伙伴的培训，提高对方的工作效率或技术水平，使企业及其伙伴获得双赢，双方的绩效都能得以改善。同时，在培训过程中可以及时进行信息沟通，建立信任关系，有利于形成稳定的战略同盟，改变零和博弈的对立思想，还能促进业务上的默契配合，提高双方合作效率。

二、课程体系

企业大学的课程设置是知识效能与生产实践相融合的反映，其最终应用效果直接体现了企业大学与企业生产实践的内在逻辑关系。因此，课程管理模式是企业大学管理的核心，是企业通过管理确保具体课程、资源配置、管理系统、技术支持等体系均能正常运行，实现企业大学战略定位的最终手段。

课程规划是企业人才发展体系的核心。企业的课程体系是根据企业自身的知识特性和企业课程目标而设定的，其体系是否完善和有效直接关系到人才培养的质量。我国企业大学的课程体系搭建大多遵从"三三一多"的原则，即"三个培训系列、三个培训层次、三种培训类型、一个课程空间、多种培训模式"的模型。具体而言，也就是根据公司的实际特点，把公司培训划分成以下三个维度：培训系列、层次、类型。三个系列主要是根据国有企业惯例，把员工划分成三个培训领域：领导及管理干部、专业技术人员和技术工人。三个层次主要是根据公司专业技术职称系列与行政级别等，三个系列都能够分成三个层次——高、中、初。三种类型即指根据培训性质，三个层次的培训内容均能够分成岗前培训、岗位培训、专题培训，对于前者来说，即新员工、转岗、岗前等培训，岗位培训即在岗职工的岗位相关事项的提升培训，对于后者来说，即指科技、经济、政治形势、法规等方面的培训。一个课程空间中的各点都能够延伸出诸多课程，全部的课程都能够在该空间中找到自己的位置，由此就获得了相应的代码。根据 X、Y、Z 三维坐标，各课程均有着自身独一无二的代码，均与唯一的培训系列、类型、层次相对应。各个课程都由以下几方面组成：师资力量、课程模板、培养目标、课时、学分等。如果企业发动下属每一个部门，充分兼顾到企业人才培养与循环运作需求来积极地开发课程，自然会形成具有自身特色的培训课程体系。多种培训模式即指各种培训活动在教学手段、管理等方面都具有若干种模式。

该系统之中，每个部分都存在着非常紧密的联系，囊括本企业举办过的所有培训类型，可以将各种培训班组合在一起，并且还为今后的培训提供了良好的条件，留下了充分的空间。整体而言，应用该体系具有以下几方面好处：第一，能够指导我们把企业下属每一个部门开展的培训班根据该体系的系列、类型、层次加以整理，使我们充分把握企业培训工作情况，能够非常直观地了解每一项培训任务的进展、问题等。第二，编制新的年度培训计划时，企业就能够根据该体系来进行，在认真梳理的基础上，有目的地改正其中的问题，这样就会在很大程度上提高计划的针对性，从而降低了随意性。

1. 课程体系的构建步骤

以员工职业成长为导向，通过建立标准化的开发方法、流程、模板和工具，开发了一批支撑关键人才培养项目的精品赋能课程，并通过线上线下结合，激发知识自主运营，凸显课程体系的梯次化。课程的定制开发也有规律可循，比如定制课程的培训需求分析、课程重点要素审核、编制课程大纲、课程内容开发、课程案例编制、课程演练编制、课程审核、课程试讲、课程修订、课程定稿、后期维护修订。上述 11 个步骤环环相扣，每个环节都会影响课程质量和教学效果，是课程开发流水线中不可或缺的。不同的企业在不同的发展阶段其课程体系的构建模式均存在着一定的差异，值得注意的一个问题是，按照培训对象进行分类的企业大学，五步法是被证明行之有效并被广泛应用于企业大学中的一套方法工具，如图 5-4 所示。

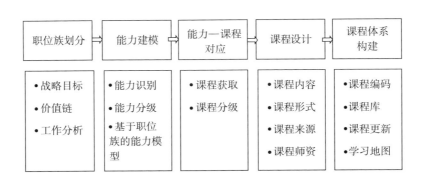

图 5-4　课程体系构建步骤

第一步：职位族划分。职位族是工作性质相同、任职能力要求相似的职位组成的集合。划分中形成了两种思想：战略导向和价值链导向。按照第一种思想：划分时应反映战略对企业核心能力的需求，充分兼顾到企业的战略目标及实现战略目标所需的基本功能，划分过程中需要认真分析企业的战略目标，确定企业所需要拥有的核心能力有哪些，由此推导出企业所需的核心人才及其需要的技能有哪些，在此基础上，按照上述要求，在充分兼顾到企业价值链的前提下对企业人员进行分类。按照第二种思想：企业的所有运作活动均以价值链为核心来进行。划分过程中，首先需要认真分析组织价值流程，充分弄清楚企业所需的工作类型有哪些，并弄明白任职需要具备的相关能力，据此划分成各种类型的职位集合，也就是我们所说的职位族。价值链划分中，工作分析属于其中的核心内容，它属于基础性的人力资源工作，倘若没有充分把握企业的岗位说明、组织结构，在这种情况下，在提供课程时难免出现偏差，尤其关键的一点是，它能够将职责大致类似的岗位合并，划定职位族，能够在很大程度上减小课程库的冗余，使课程体系规划变得更容易进行。此后，还能够得出每一个职位族的岗位数与编制，并且还能够按岗位说明，结合工作复杂性等方面明确企业培训的重点。企业培训重点主要包括销售、市场推广、大客户，而其他各个职位族就能够合理降低成本投入。

　　第二步：能力建模。企业的核心能力一方面是从企业自身的运营方式而来的，另一方面是从职工需要的核心技能与专长而来的。基于能力模型的课程体系是以企业战略为核心进行分解得出的能力要求，使企业员工的学习与发展有了较强的针对性。良好的体系离不开与之相对应的能力模型来提供支持，而优秀的模型有四个特性：可衡量或可观察的、全面的、独立的、具有清晰的描述。职位族划分完成以后，接着应当识别每一个职位族所需要的能力。构建能力模型时，最难以操控的是能力识别技术，到现在为止，业界人士提出了诸多方法，如问卷调查法、战略分解法等，企业所处发展阶段不同，所选择的技术也存在一定的区别。按照企业要求以及具体特点，还能够深入细分某个职位族的能力，从而能够制订更具针对性的计划。20 世纪 90 年代中期，微软公司建立了 SPUD 项目，旨在让工作和员工能力相适应，其信息技术部的各个工作一定要根据相应的能力来确定等级。该项目中，识别了各个职位族所需要具备的能力，对于各类能力，又进一步细分为基础层、工作层、领导层、专家层。各层均利用 3~4 个要点进行描述，确保其非常明确且具有可度量性。微软现阶段的"学习与交流资源"小组正充分发挥该方面的作用，通过相应的能力模型来测试、转化和发展知识。

第三步：能力—课程对应。建模工作完成以后，接着就能够结合能力要求去匹配相应的课程，在这里，"课程"主要分为狭义与广义两种定义：从狭义的角度进行分析，即指一门单课，而从广义的层面进行分析，即指培训课程项目，其中或许涉及若干门课程。此处，我们采用了广义的定义。

这个环节需要遵循四个基本原则：一是课程必须是纳入企业重点培训项目的课程或企业标准课程体系中的必修课程，这是选择的前提条件。二是课程必须要具备良好的独特性或不可替代性。换句话说，也就是课程必须要密切结合企业的具体业务，外部不能提供的，一定要通过自主开发的方式来解决。三是课程的重要性高，即课程对企业当前以及今后的发展非常重要。四是培训量大或关键岗位的课程。不仅如此，企业还能够采取公开课、认证学习等诸多措施对员工进行培训。

第四步：课程设计。课程资源确定以后，接着应当进行属性设计，具体而言，主要涉及以下几方面内容：首先，课程形式选择。为实现良好的培训效果，应当对各门课程设置相应的培训形式，具体来说，需要按照课程属性、重要性、对象等方面来进行设置，主要包括以下几种：面授、自学、在线学习等。心态学方面的课程的主要目标在于传播与感悟其中的理念，所以最好采取拓展训练与教练辅导的形式，这样能够实现良好的效果，还可以采取面授的方式。技能方面的课程的主要目标是让学生掌握相关方法的知识以及具体的操作，所以最好采取行动学习的方式，这样能够达到良好的效果，排在后面的是面授与在线学习方式。知识有关课程旨在拓宽受训者视野，促使他们进行知识交流，以面授与交流参观的形式为最佳。除此之外，那些具有较大培训量的课程，以在线学习的方式为最佳，这样可以达到最好的效果。而关于培训项目，应当按照课程设计选择混合式的形式。选择过程中，一方面应当结合课程内容类别等因素，另一方面还应当充分兼顾到资源配置与精力。相对于企业普通员工，中层及以上员工可采用较优的培训形式，详细内容如图5-5所示。

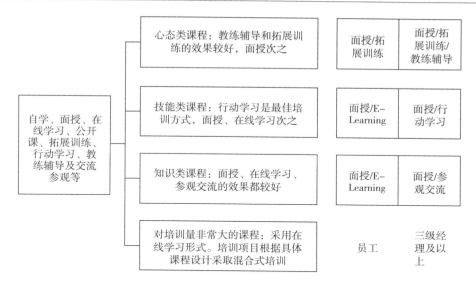

图 5-5 培训形式选择

其次，课程级别设置。如在通信网络课程中，培训机构均明确界定了课程的级别。在甄选课程资源的基础上，还需要充分兼顾到能力的级别来设置课程级别。正像上文我们提到的，就同个职位族来说，其需要的能力同样分为不同的级别。例如，工龄长的员工与新员工尽管处于同个职位族，然而他们的岗级却不同，能力要求也有所区别，其培训的深浅度也存在一定的差异，如果对于同一职位族的所有课程都不分级别深度进行选择安排，显然是不合时宜的。按照课程类型以及内容深度，主要分成初、中、高级等。就外购的课程来说，主要选择中高级深度；另外，关于公司自己开发的课程，主要是由相应的开发工作者按照受众面、内容深度等来明确其等级，利用课程编码来分级，区分同个职位族下不同能力要求的课程级别。实践中应当充分兼顾到课程体系实情采用合适的方法。

第五步：课程体系构建。课程设计完成以后，初步构建课程库，其中涉及各个类别、各个等级的课程。如果公司能够细分成 N 个职位族，在这种情况下，就具有 N 个专业技能（P）课程库，各库里面的课程有着明显的区别。而不同职位族间的管理类（M）课程是通用的，准许企业管理人员进行学习。同时，课程之间细分为多个级别，从高到低依次是 A、B、C 级课程，供各个职级的人员使用。

一些企业在构建起基于职位族的能力模型并对应找到匹配的课程后就认为课程体系已经构建完成了，其实不然，应该说此时企业已经形成了相对完善的"课程库"，却并没有形成良好的课程体系，其中尤其关键的一点是怎样实现课程库的"体系化"，此处重点是怎样使课程内容和员工的发展有机结合。

我国企业大学在领导力培训方面大多参考 GE 领导力发展项目，至今已经构建起相对成熟的需求层次体系，针对哪一种层级适合哪一种领导力项目均进行了妥善的部署。各级项目均为一个"包"，其中包括一系列的课程，如管理、财务、人力资源等，历时 2 周至 1 个月。针对各级项目将按照各自的能力模型设置相应的调查问卷。GE 并非让所有员工从备选的大量培训课目录中确定选择 A 或 B，关键是引导他们大胆地阐述个人的发展需要，将培训和个人的发展计划有机结合。在该企业中，其职业技能培训往往每年举行若干次，但是领导力培训却并非如此，往往是一两年举行一次，每一步均结合职工的发展需求。

2. 课程开发的能力

一定程度上来说，课程开发是企业构建学习型组织、推动培训事业发展的有效方法。关于其内在价值：就企业高管来说，能够利用课程开发平台更好地传播企业文化和战略思想，这样就能够使企业员工更好地弄清楚企业战略以及他们所需要做的事情，自然将战略理解和执行间的障碍扫除；就企业学员来说，课程开发固化了内部知识体系的价值成果，能够使他们了解许多实践经验以及具体案例，发现更好的技巧，使知识更快地转换为能力，在最短时间之内引入到实践之中，实现资源整合共享与能力互动共升；就培训管理者来说，其可以妥善处理培训需求的有效性和针对性问题，同时还可以在很大程度上降低企业的培训成本，不仅如此，还能够把课程固化为讲义、手册等，进一步加快企业知识平台建设进程。

（1）课程开发的原则——"先内化，再进化"。凯洛格公司在研究过程中指出，公司购入的课程，不管达到什么样的效果，都需要坚持"先内化，再进化"的原则。"内化"，即对公司引入的课程，组织相应的讲师认真分析其内容，进一步拆解其逻辑，充分兼顾到企业产品特征以及企业所处的行业领域，考虑到企业运作过程中的具体案例进行内部转化开发。"进化"即在"内化"所购买课程的前提下，利用各种二次开发方法加以修订，使其内容越来越丰富，慢慢改善，最终发展成企业品牌课程的过程。归根结底，这一过程其实是完成了课程开发的价值传递。如伊利商学院在与外部讲师签订常规性的职业发展课程培训合同的基础上会增加一些条款，一般要求外部讲师课后对企业进行内部辅导。在引入课程以后，由外部讲师出面辅导企业讲师，将相应的培训方法教给他们，确保企业讲师在企业中能够多梯次地传递培训。

（2）开发的范围。课程必须具备相对较强的不可替代性，即指那些与企业日常工作具有非常紧密的联系，外部的培训者根本不能有效讲述的，一定要通过企业职工进行自主开发才可形成的课程。一般情况下，专业类课程具有相对较强的独特性，它们是最需要进行自主开发的。对企业来说，其内容有着相对较强的战略性意义，也就是说，课程对企业当前以及今后的发展非常重要。这决定着课程开发与培训后在经营层面的利润率和增值点，短时间之内从外部不容易找到相应的课程资源。对于培训量大或关键岗位的课程，通过细致深入的调研确定课程的需求量，倘若需求相对较小，开发只是为了迎合很少人的需要，或者市场中存在着可取代的课程，在这种情况下，就无须进行开发。而那些面向企业关键岗位的课程，或具有非常大的培训量的课程，无论是考虑其效果还是综合兼顾到其费用等方面，均需要进行自主开发。那些跨部门使用，同时还必须有许多案例来构建的课程，同样需要进行自主开发，因为这些课程在市场中短时间之内没有替代品。

（3）开发的优先顺序。根据各个维度确定开发次序，一般情况下，主要根据课程开发难度与对相关课程支撑度来确定。对于前者，即指开发或外部获得某一课程培训内容的难易程度。如图5-6所示，就A类来说，其比较易于操作，需要归入到近期开发实施规划（一般是6~12个月）之中；就开发难度高且对相关课程支撑度低的课程而言，应该列入远期开发实施规划；但如果课程本身的战略性意义或重要性特别强，则应优先开发，而不需考虑其开发的难易程度。

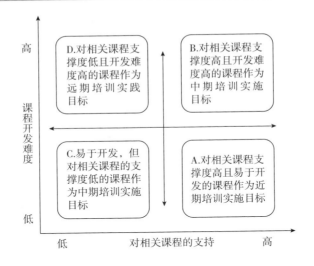

图 5-6　课程开发时间维度

注：A 类课程可以纳入近期（6~12 个月）开发实验规划；B 类和 C 类课程可以纳入中期（12~24 个月）开发实施规划；D 类课程可以纳入远期（24~36 个月）开发实施规划。

（4）课程开发的模式。企业大学课程开发模式主要有三种：自主式课程开发模式、合作式课程开发模式和外包式课程开发模式。其中，自主式课程开发模式是指开发人员差不多都是企业的讲师或内部骨干，外部组织根本没有介入的一种开发模式；合作式课程开发模式指通过企业内外部人员合作，共同开发课程的模式；外包式课程开发模式则是由企业委托外部咨询或培训机构针对某具体课题开展的开发活动，与外购存在着很大的区别，这是企业在确定课程命题与需求的基础上委托外部组织开展的。

（5）课程开发的基本步骤。企业大学课程开发的步骤一般有六步，见图5-7。在开发的启动和调研阶段，课程开发小组需要明确课程开发的整体计划和进度，确认课题与开发指向的需求要点，同时结合问题点所必须具备的核心能力模型分析与受训者现状能力的差异比较，明确课程的目标群体和课程开发预期达到的目标。在调研过程中会用到问卷调研法、辩论会、典型人物/事件分析法等。阶段性提交企业《课程需求调研报告》，明确开发方向与标的。

步骤	1. 课程需求调研	2. 制订课程大纲	3. 研发/编写课程资料	4. 试讲与课程评估	5. 课程修订与确认	6. 推动与实施
主要工作内容	·确认核心问题 ·确认原因及解决方法 ·分析并制定技能标准 ·受训者评估与差距分析 ·确定培训课程方向	·制定课程目标 ·编排课程内容 ·选择培训方法与技巧 ·确定培训资源 ·编写课程大纲	·编写课程说明书 ·编写讲师手册 ·编写学员手册 ·编写演示教材 ·编写案例工具包	·内部试讲 ·内部对课程进行评估	·根据评估结果对课程进行修正	·内部讲师培训辅导 ·根据需求进行示范培训
项目时间	2~4周	1~2周	4~6周	1周	1~2周	1~2周
提交成果	《课程需求调研报告》	《课程大纲》	《PPT教材》 《讲师手册》 《学员手册》 《课程案例汇编》	《课程评估与修订方案》	最终所有课程课件包资料	《结项报告》

图 5-7　课程开发的基本步骤

制订课程大纲阶段主要是根据前一阶段调研所确认的课程开发目标，明确并制订课程大纲，编排课程的逻辑框架思路以及针对性解决问题的最佳方法论与途径。这一阶段是整体课程开发的纲领性文件制定与目标确认阶段，此后的所有开发活动均紧紧围绕此课程大纲的目标来分解和实现。

研发阶段的主体内容开发是整个课程开发的核心，根据课程开发的不同方式选择适当的调研或工作方法，较常用的调研方法有文献研究、问卷调查等。对开发的主体内容进行集成，包括编制课程手册、讲师手册、学员手册、试题库、案例库、电子学系课件等。

在完成专题课程的整体开发后，必须通过实地讲授来检验课程满足目标群体培训需求的符合性，最终就课程的标准课件在培训操作层面的匹配课时、学员课堂反应性评估、教学法的恰当性、内容的深浅难易程度等关键因素做出整体性的《调整修正意见》。在试讲评估的组织策略上，通常选取课程的目标受训群体，以正式受训的实战方式进行。让课程的目标客户通过实际的培训体验和感受做出客观的培训评估，这是对课程进行修订最有效的促进。应尽力避免由公司高层、人力资源部或企业大学等行政职能部门综合组成的所谓"课程评审专家组"进行。在完成课程的实地试讲评估后，应"趁热打铁"，对课程的全套课件包进行全面的核对修订，形成最终版本的课程资料包，全面推广实施课程在目标受训群体内的培训。这是课程开发成果得以彰显价值和落地的最后阶段，企业大学应制订分梯队培训的推行计划和评估。

三、师资体系

师资体系是企业大学运营的关键体系之一，其师资水平、师资结构如何直接关系到企业大学的任务目标能否有效达成，能否对企业战略形成有力支撑。师资体系构建的重点是整合企业内外部讲师资源，针对自身特点和实际情况，建立有效的讲师选拔、培养认证、考核和激励机制，制定相应的管理流程和制度，组建起高素质、结构合理的讲师队伍，并根据企业的不同发展阶段和实际需要进行调整和优化。

1. 讲师的来源

企业外部的讲师包括本领域的专家以及高等教育机构、科研院所的教授等；企业内部的讲师包括专职、兼职讲师。要协调好内外师资的关系，形成内部讲师为主体，外部讲师为补充的师资体系。大多数企业大学通常会将内部讲师分为两类：一是内部专职讲师；二是内部兼职讲师。对于后者来说，按照其来源以及特点进行分类，主要包括以下两类：

（1）内部认证兼职讲师，即那些通过企业内部层层筛选、培养且授予相应认证的讲师。他们来自企业某岗位，最熟悉自己企业的文化理念，最熟悉企业自身的行业与产品特征，而且在产品实现的过程中积累了大量务实而宝贵的工作经验，通过讲师专业技能辅导后具备了较高的讲授技巧与课程开发能力，在企业培训中心或企业大学内部承担着至关重要的行动影响力和文化传播功能。

（2）内部特约兼职讲师，即不需要进行认证的内部兼职讲师，或者从认证程序上来区分，属于"豁免认证"类讲师。具体来说，主要分为以下两种：一类是技术专家，这部分人对于相关技术非常精通，有着非常丰富的经验，但外向型的表达与展示力欠缺；另一类是有一定领导威望和团队影响力的高层领导者，他们积极热情，愿意分享管理经验，通过培训了解员工现状，加深对企业业务的了解，增强沟通和信任。高层领导者的参与将激励员工的学习积极性，提高组织发展和人才培养的价值。

2. 讲师的选拔与培养

从不同发展阶段企业的讲师来源比例看，各发展阶段的企业均以培养内部兼职讲师为主。企业大学的师资需要对业务有深刻理解。对于企业大学来说，内外部讲师均扮演着专家与培训引导者的角色。专家必须充分理解自己讲解的知识且具有独特的观点，同时，相对于学员来说，其掌握较多的知识，授之以"鱼"；引导者必须采取科学合理的方法来对学员进行引导，使他们结合课题展开深入的探索、分析，让他们掌握如何处理问题，授之以"渔"。因此，讲师应拥有相应的能力，受教育程度相对较高，经验丰富、心态乐观、身体健康。

国内对内部讲师的培养重点聚焦于课程开发和授课技巧两方面，内部讲师专业能力的提升是企业大学关注的重点。内部兼职讲师的来源主要有企业高层管理人员、业务部门领导、中基层业务骨干，这些人往往具有相对较强的操作能力、管理经验和专业知识，值得注意的一个问题是，这部分人在培训能力与技巧方面有所欠缺，这是一个现实问题，因此必须制定科学合理的培训方案，有目的地提高他们的培训能力。成为内部讲师的首要条件是绩效优秀，主要选拔标准基于认知、态度和技能等方面：认知方面有丰富的业务管理实践经验和专业知识，能站在学员的角度思考与解决问题；态度方面是对分享知识、经验的意愿度，意愿度的高低决定讲师备课与授课的动力的强度；技能方面是指讲课演绎能力与语言表达能力，清晰的口齿与良好的语言陈述能力可以让学员更好地获取讲师传达的内容。

3. 讲师的认证与考核

立足"有理论、通实践、能开发、善教学"的总体要求，构建师资任职资格和分级认证标准，对内强化内训师队伍建设，对外强化品牌师资建设。讲师须确定其任职条件，部分企业甚至设置了若干个不同的级别，构建起一套相对科学合理的晋级机制。经过讲师技能辅导和评审，达标后的讲师将获得认证，颁发相应的证书。一般来说，必须进行为期一年的考核，在此基础上，确定续聘或晋级与否。

4. 讲师的管理与激励

要建立内训师激励及管理机制，让内训师自动自发地实施我们的人才发展项目。接下来是对内训师进行筛选，然后建立内训师的运作平台。在做内训师培养的时候，我们不仅要教会他们做课程开发以及授课，还需要提供给他们平台，让他们授课。科学合理的内部讲师激励机制具有非常重要的作用，一方面可以更好地开发公司内部讲师资源，另一方面还能够逐渐提高整个队伍的素质，重点应当做好以下几点：提供升迁、培训机会，制定讲师晋级制度，提供合理的报酬，以及评先进等。在充分激励的基础上，严格管控讲师队伍，提高他们的工作积极性，使他们为企业做出更多贡献。以某企业内部讲师管理体系为例（见图5-8），从培训质量、课程开发、学习交流及课程优化等方面加强管理和激励。外部讲师则仅需相关机构认证其背景、资历、水平、经验等，合格之后就能够录用，在此基础上，按照受训者的实际反馈结果，确定是否续聘。

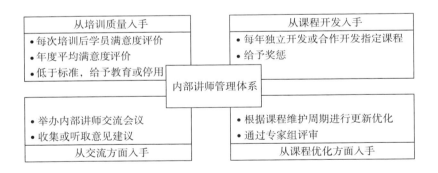

图5-8　某企业内部讲师管理体系

四、评估体系

教学评估是为了了解培训的具体效果，测量学习实践，通过这种方法来分析其对组织及内部每一个业务单元的作用。从根本上来说，教学评估的最终目的是对学习结果进行反馈，以促进学习方案的改进。对于企业大学而言，一定要充分弄清楚自身在提升企业学习技能方面的投资回报率，利用该指标来检验自身价值。从系统论的层面进行分析，评估是科学方法的有机组成部分。深层次评估过程中需要收集学习者的行为和绩效，归根结底，这属于公司知识管理的有机内容之一，利用测量评估可以为企业构建科学、合理、有效的知识管理体系提供强有力的支持。部分企业大学通过设置学习研究与评估中心，强化业务部门在人才培养中的主导作用，增强学习活动的实战能力，围绕专业业务部门的棘手问题进行研究，改善管理流程，改进技术标准，产出一批可实施的创新成果，既实现了人才培养，又为绩效改进提供了支持。

1. 柯氏评估技术

学习效果的评估是一项复杂的工作，尤其是对于领导力的提高、企业文化的推广以及批判性思考和分析方式等学习内容不太具体的情况。作为一种学习评估手段，学习效果的评估和测量模型有多种，柯氏四级培训评估模式如图 5-9 所示。柯氏四级培训评估模式的第一层是评价学习者的满意度、对学习的反应；第二层重点评价他们的技能和知识展现情况；第三、第四层则是对学习成果在实际工作中的应用以及对业务的影响进行评价。

	评估层	评估时间	评估形式	评估内容
一级评估	反应层	即时（培训时间结束时）	满意度评估	对培训师、培训管理、测试过程、课程材料、课程结构的评价
二级评估	学习层	即时或短期（培训结束时或者培训结束后半个月内）	考试/演讲	学员对培训的知识、态度与技能方面的了解与吸收过程
三级评估	行为层	中期（培训结束时下一个考核周期，一般为三个月）	授课/项目实践	测量所学的知识和技能的转化程度，以及学员的工作行为是否改善
四级评估	结果层	长期（半年/年度，根据采集周期而定）	多个部门配合完成	学习带来的变化对学员或组织发展带来的可预见的积极作用

图 5-9　柯氏四级培训评估模式

从图 5-9 中可以看出，柯氏四级培训评估模式包括反应层、学习层、行为层和结果层四层。其中，反应层是第一级评估，评估的形式主要是满意度；第二级评估是对学习层进行评估，评估的主要形式是考试、演讲；第三级评估是对行为层进行评估，评估的主要形式是授课或项目实践；第四级评估是对结果层进行评估，通过多个部门进行配合来完成。

2. 学习项目评估中心技术

评估中心技术主要采用管理学、心理学等方面的理论与方法，利用面谈等一系列的方法与措施，模拟某种特定场景，把握员工的知识、技能等。情境模拟属于其中最主要的技术之一，具体来说，即把员工置于一个近似的模拟情境中，规定他将某种工作完成。这期间，评价人员仔细对其进行观察，准确地判断其素质。代表性方法包括以下几方面：

（1）文件筐作业：让受评者处置许多公文，对管理中的各种情况加以分析、整理。公文涉及的问题，主要是根据当事人所处岗位来设置。

（2）无领导小组讨论/小组作业：有 6~7 个受测者同时针对某管理案例展开细致的讨论，大家一起交流，做出决策，在规定时间内达成共识。

（3）角色扮演：被评者利用会议等方式，与某人会面，而后者被赋予一个角色，与他们进行一对一的交流，尝试着说服后者。

（4）经营游戏：多个被评者构成小组，被授予相应的任务，甚至还会设计许多竞争因素，如几个小组进行销售比赛，直到他们决出胜负。小组内部人员一定要合作才会妥善处理好问题。

（5）案例分析：安排被评者阅读许多商务方面的资料，结合实际问题，让他们进行分析，解释数据，并考虑对策。

在培训评估中，可以结合岗位胜任力模型，对准备接受培训的员工针对其岗位所需素质进行评价。对于综合管理能力类或转变态度类课程，多采用评价中心技术。但需要指出的是，各种评价中心技术侧重考察的胜任力特质不同。如在角色扮演活动中我们可以很好地判断出个人的学习创新能力，但对其理性决策能力却无法非常准确地把握，被评估者是否具备该能力需要通过其他技术手段方可确定。当选用适于某一岗位的评价中心技术后，比较培训前后的评价结果，能够对培训效果做出定量的评定。评估中心技术在培训实施前有效地评估培训对象的能力，比较岗位胜任力水平，确定其培训方案的目标，实现针对性的个人培训规划。

3. 利用智能分析技术

利用智能分析技术提升培训考核与评估的有效性。在智能教育时代，学员主要通过网络教育远程受训，如需时时监控学员的学习状态，企业大学可以适当引入 VR 技术及人像识别技术，通过远程监控学员的肢体语言及面部表情来判断学员的学习状态，以针对性地评估培训效果及课程质量，为培训项目及培训课程的进一步改进提供依据。

当智能教育时代到来之后，各种智能技术的成熟为进一步改进培训考核与评估方法带来了便利。企业大学可以选择性地使用 VR 技术、人像识别技术或者数据分析技术来分析培训项目对学员的行为模式以及工作业绩带来的影响，建立考核方式与培训目标的一致性，不断推动培训工作的提质增效。

第二节　管理体系

企业大学的管理体系包括企业大学的组织体系、制度建设、环境设施、知识管理和 E-Learning 系统五部分。

一、组织体系

企业大学的组织体系是建立教学管理系统、实现企业大学教学正常运作的基本形态，是组织环境、员工和能力相辅相成的结果。企业大学的结构设置与发展规划和企业组织管理模式相匹配，责权和资源配置完备。企业大学覆盖开发—运营业务流程，内嵌标准化内控体系；围绕顾客导向的价值，以需求为起点，到项目启动、项目开发、项目实施、项目评审复盘，建立全流程的质量控制点，并通过贯标进行标准化质量管理；引入最佳企业大学成熟度模型等管理工具，应用于组织建设、管理提升、绩效改进等方面。组织体系的设计有助于实现企业大学的战略推动力、文化塑造力、形象提升力和利润创造力等价值。

1. 企业大学的组织结构类型

作为独立的企业培训组织模式，企业大学的组织结构通常有三种类型：项目式、职能式和矩阵式。

（1）项目式。这种形式按培训内容可以划分为若干培训项目，如管理类、技术类、营销类等。每个项目又由教学人员、课程开发人员、培训管理人员组成的团队来负责完成。当项目规模较大时，也可由若干小组组成联合团队来负责。另外，还需设置综合办公室、财务部等职能部门管理学校的日常性事务。

（2）职能式。这是比较常见的组织形式，按照企业大学所涉及的基本职能来进行组织结构设计，即根据其业务的价值链来设计各个部门，通常情况下设有培训服务部、课程开发部、教学管理部、综合办公室、财务部、知识管理或资源整合中心、技能认证中心、绩效支持中心等，再根据每个部门的具体职能设置二级岗位。

（3）矩阵式。当需要同时专注于每个专业领域的培训项目以及培训工作的各项职能时，可以采用矩阵式的组织结构，满足不同对象的需求。这是一种为节省人力成本，根据项目灵活调用相关专业人才的双重管理的结构。其根据不同业务单元划分不同的培训单位，各培训单位下又分职能部门。

2. 企业大学组织结构的特点

企业大学自身组织结构的确立可以明晰培训管理工作的责权划分，保证培训工作的顺利开展。企业大学的组织结构有两个特点：首先，企业设置了学习委员会，这一组织往往由总裁、副总裁、企业大学负责人及学习专家构成。比如，中粮集团、中国电信在经营运作过程中建立企业大学，由企业高管构成，每年举行不少于一次的相关决策性会议。这同样是国际做法。具体来说，企业大学往往担负着一系列的职责：形成与学习有关的企业决策，制定相关政策，规划其发展，明确投资。其次，企业大学的校长往往由企业高管担任，这一现象十分普遍。部分校长由董事长担任；部分校长则由副总裁担任。企业学习委员会的创办，再加上企业高管担任校长，就使企业大学能够得到大量企业资源，在此基础上还能够促进企业大学工作顺利进行。企业大学负责企业的人力资源开发工作。人力资源部负责人力资源管理工作，人力资源开发与管理两者既具有一定的区别，也存在一定的联系，普遍认为它们是两个平行的职能部门，但又有着紧密的业务指导关系。

3. 企业大学的职能部门设置

企业大学的组织结构一般包括四层：一是学习委员会，确定其战略，以确保与企业具有一致的方向；二是管理团队，主要是由其负责人及下属部门负责人构成，任务是分析员工整体的能力、优势及存在的问题，研究企业的资源与员工绩效，发展与企业战略相关的培训计划；三是项目团队，也就是技术操作层面，主要包括学习技术专家和学习发展经理两部分，主要负责确定项目开展、选定教师、跟踪最新知识、建立评估标准体系几方面；四是咨询团队，负责处理学习中存在的问题，与学员联系，提供咨询与评估服务。企业大学的职能部门设置的科学性与企业大学运营的高效性关系密切。企业大学除了常规的职能部门设置外，还需要强化以下几个部门的设置和部门能力建设，推动企业大学产生高附加值，提升企业品牌价值和持续创新能力。

（1）研究开发部门。研究开发的内容包括企业战略、产业产品与人才对接发展研究、人才培养标准与课程建设研发、教学技术与教学能力提升研发、企业文化与品牌建设研究等，目的是以研发引领创新，以创新促进发展。

（2）信息与知识管理部门。信息与知识管理包括与企业发展相关的各种知识和信息，如知识的加工、归纳与传承及信息的收集、加工与应用等，目的是实现企业发展的信息化和知识性，凸显企业现代化水平和智能化发展能力。

（3）资源开发与能力建设部门。资源开发与能力建设主要包括外部政策的有效利用、内部制度的高效发挥，涉及标准管理能力、师资教学能力、人力资源开发与师资队伍建设等要素，目的是挖掘资源潜能，实现企业大学的效能管理和科学运营。

二、制度建设

企业大学的内部制度建设是其健康运行与发展的保障。从管理学的角度看，企业大学的管理制度主要包括以下几点：

1. 课程质量管理制度

企业大学的客户一般分为内部客户和外部客户。内向型的企业大学需要关注企业战略，聚焦各部门的学习发展，做好需求分析，打造精品课程。外向型的企业大学大多跟随市场热点，开发多层次产品系列，增强课程质量，提升客户满意度。质量始于规划和设计，并贯穿整个交付过程，形成完整的客户体验服务闭环。如中国惠普大学就按照 ISO9000 质量体系标准，规定了日常运营流程要求，涉及课程研发设计、讲师认证、交付实施等全周期，并获得了相应的国际认证。

2. 教学与专业能力建设制度

为了提升人才培养的针对性和有效性，确保教育教学的规范性和专业化水平不断提升，为企业战略需求提供有职业化标准的专业型人才，企业大学必须强化教学与专业能力建设，包括教学标准、教材及课程体系开发与建设、教学技术和教学方法建设，还涉及校企合作、多元合作教学制度等，使人才队伍建设能够做到快速响应企业高速发展的需求。

3. 人力资源开发管理与动力提升制度

人力资源开发管理与动力提升制度主要包括教职员工的聘任、考核、晋升制度，教师学习进修制度，以及报酬与奖励制度，目的是提升员工自主关心企业大学发展的自觉性，形成独特的企业文化和精神，激发企业大学持续发展的动力。

4. 培训组织管理制度

培训组织管理制度主要包括培训计划、培训实施、培训资源、培训基础工作等几大模块的规范管理。培训实施的流程一般采取统分结合模式，即由总部统一进行计划管理，各业务单元各自实施培训项目，培训项目实行项目负责人制，企业大学对重大培训项目实施进行全程监控。

5. 导师制度

企业大学会建立一套有效的导师制度，指导新员工克服刚接手工作时可能出现的困难等，帮助新员工尽快适应企业，同时导师对新员工的绩效会长期跟踪辅导，提升其技能进而提升组织绩效。企业大学同时建立专家团队为所有员工的发展提供顾问支持，为其答疑解惑，为员工的职业发展提供持续的辅导与帮助。导师制度旨在把公司的隐性知识固定下来，成为公司的共同知识，利用各种方法把公司老员工的知识传授给新员工。导师在平时负责指导受训对象，并负责对他们的职业发展提出对策建议，各位导师至多培育 2~3 人。

三、环境设施

企业大学的教育投入是一种人力资本投资，加大环境设施的投入可以为企业大学创造优良的学习环境和学习氛围。《中国培训行业研究报告 2016—2017》显示，2017 年有 29.8% 的企业的培训预算略有增加和显著增加，53.8% 的企业的培训预算基本持平，16.3% 的企业的培训预算略有减少和显著减少。企业培训预算支出中的 7.4% 用于基础设施、软件及平台系统维护，预算支出中占比最大的是课程自主设计和开发，为 14.3%。企业在环境设施方面的投入虽然占比不大，但总体保持对企业大学软硬件建设方面的持续投入。

1. 功能齐全的培训基地

国内较具规模的企业大学，如海尔大学、华为大学等在组织构造和硬件条件方面比照传统大学建立了固定的校园与基础教学设施，为学员与客户提供了优雅实用的培训环境，便于讲师与学员面对面交流及提高学员实操技能。华为大学是一个系列建筑群，分为教学区和生活住宿区，拥有 9000 多平方米的七大产品线实验室（核心网、网线、传输、数通、接入、能源、IT）、100 多间教室、500 多个办公座位，能同时容纳 2000 多名客户和员工进行培训；生活区配套服务齐全，能充分满足不同国家学员的学习和生活需要。华为大学是华为发展战略的重要组成部分，它不仅是企业内部人才培养体系的重要一环，还超越这一职能成为企业变革的推手以及外部企业（顾客、供应商、合作伙伴等）培训和咨询服务不可缺少的支柱，能为全球 170 多个国家的高端人才提供 ICT 培训服务。中国惠普大学培训基地分为数据中心、培训教室、学员讨论区、图书角、吧台等几个功能区。培训教室除了提供常规课堂培训外，还搭建有高度模拟实际数据中心硬件环境、软件环境、管理环境的数据中心，可以满足沙盘模拟课程及惠普技术类课程的需求，让学员在模拟实战的训练中自己动手发现问题、解决问题，直接提升实战能力。

国家电投人才学院启动"国家电投班组长培训示范项目"，首创情景式实战化电子沙盘实训系统，旨在打通由"知"到"行"的班组长管理技能提升路径。项目基于胜任力模型研发"班组长的一天"电子沙盘，建立了系统性和标准化的培训体系，为项目大规模推广应用奠定了基础。首先是基于业务场景，构建课程内容。深入班组基层业务场景，规划任务场景地图，通过对班组长日常工作管理场景和手段的凝练，萃取完成课程主题模块规划。根据企业生产实际，形成班组管理动机、管理能力、沟通技巧和文化建设四大类 13 个管理手段工具模型。其次是基于设定目标，优化管理策略。沙盘课程设计基于 GROW 模型，将班组管理的优化提升分为目标设定（Goal Setting）、现状分析（Reality）、发展路径（Options）、行动计划（Will）四个阶段。项目将班组管理的六个核心方向（技术水平、工作热情、团队合作能力、文化认同度、组织纪律性、安全意识）的综合提升作为目标；量化分析班组成员素质能力现状，明确改进提升的方向；根据分析结果，综合运用 13 种管理工具来制定提升路径；根据已使用的管理手段产生的效果来制订下一步行动计划。最后是基于 CUBE 设备，实现课程交互呈现。将班组管理情境进行结构化建模，编写相应程序，用电子沙盘方式打造实景案例模拟；同时，智能化设备大数据会存储真实班组工作案例和教学反馈，实时产出"班组体检报告"并可持续更新迭代。借助便携式智能设备，学院可以随时随地进行案例演练，不再受授课方式限制，为后续模块化、标准化推广奠定基础。

2. 软件及平台的支撑

随着网络技术的发展，企业大学通过电子网络技术建立学习平台和虚拟学校，这些新技术的应用既能节省硬件设施的费用，又能节省不同地区的学员为集中培训而花费的人力、物力和财力等，从而成倍地降低了企业大学的运营费用。知识平台强调运营的概念，通过运营采集和沉淀企业内外的知识、经验，激发员工知识分享、交流的热情，让企业真正实现从知识到能力、从知识到业务、从知识到绩效。企业大学平台以全新的设计理念和技术架构，重新定义传统企业在线学习产品，升华成为一个企业员工能力、知识、培训资源、业务工具的管理性平台。

四、知识管理

1. 建立知识库

企业大学作为企业的知识载体，对企业的知识管理发挥着十分关键的作用。企业大学的案例建设规划为充分确保案例质量，满足教研要求，开发的案例一定要通过专家的评审，评审完成以后都会放到案例库中。案例学习与评价通过管理案例库知识平台，准许所有员工检索、学习、评价案例，逐渐优化案例库。案例能够用于教研、管理等。企业大学的案例一方面属于公司员工的学习内容，另一方面还会为自身的教学管理提供强有力的支持。案例与广大员工的工作相贴近，并且对职工起到良好的激励作用，在企业中宣传充满正能量的案例可以对员工起到良好的推动作用。企业大学按照专业建立知识社区，推动同专业学习者相互沟通，更加积极主动地进行知识创造和分享。知识社区会举行一系列的活动，不仅能够通过线上开展，而且还能够采取线下的形式，这样就在很大程度上解决了培训交流的局限性问题。知识社区与专家黄页和知识库相结合，专家利用知识社区宣传其经验与知识，员工针对个人的业务难题可以在其中提问，专家在此做出解答。知识社区中积累的知识会定期总结形成正式的知识放入知识库。员工在构建学习型组织过程中，能够以企业大学为载体，通过先进的信息化方法建立知识数据库，且持续进行更新，为企业以及员工提供支持，使他们可以根据自己的需要自由地搜索相关知识，在此基础上推动新观念的应用，提供各种不断创新思维的空间和可能性。

2. 建立知识管理系统平台

企业大学紧随互联网时代的发展，组织特点发生了明显的变化，开放性、跨边界、渗透性的特征日趋明显，其整合企业内外部资源，搭建知识平台，为企业的知识治理服务。现实中，部分企业大学存在企业内知识缺口无法识别、知识连接不顺畅和创新孵化能力弱等问题，这使企业大学的知识创新活动收效甚微。海信学院谷云盛（2012）认为，未来企业大学对企业问题研究能力的强弱、研究的深度和广度，以及研究成果对企业经营水平的提升程度将决定企业大学的价值。知识管理一方面能作为培训素材的来源，另一方面可以提升员工工作效率，还可以在学习中产生新的知识。企业大学的知识管理需要建立知识管理系统平台，将知识存储到系统中，通过多维分类、流程审批、文档权限控制、标签聚合、评价及积分管理等功能，帮助完成知识的撰写、审批、发布、检索、阅读、评价、归档这一系列完整的生命周期管理，促进学员的技能提升和日常学习研究，让员工学习常态化、信息获取便捷化。

3. 知识管理的目标指向服务于组织使命的实现

企业大学通过协调、组织、整合各种形态的知识，利用知识、信息和技能，推动学习者有效地得到所需要的知识，激发学习者的创新意识与能力，将分散在每个学习者身上的个人知识资源整合成强有力的知识力量，使知识能够更好地被运用。知识管理的基本原则是创造知识交流、共享的良好的知识环境。企业大学建立了知识共享的平台，实现知识和信息的公开，学员可以使用他人提供的知识和信息，这些从知识中派生出来的新知识将得到创新发展。近年来，科技突飞猛进，信息技术同样获得迅速发展，使信息知识管理技术融入企业大学的构建中，发挥整合培训和学习资源的功能成为可能。企业知识资源主要是从企业内外部而得来的，外部的知识来源可通过个人主动搜索或学习，还可以由培训机构引入，并从中获取。知识管理的作用是促进知识储存、积累、分享和协作，以及创造出更多的知识，提供更多的知识资源，进一步提高企业员工的素质与能力。知识通过交流获得发展，发生价值增值，有利于整个学习组织的共同进步。隐性知识与显性知识之间可以相互转化，形成一个可循环的、有实际操作意义的知识管理系统，升华企业大学的价值，促进企业向知识型、学习型组织转变。

五、E-Learning 系统

我国企业大学依托完善的、全方位的、立体的信息系统，为知识管理的各环节提供技术保证，同时也为培训和人才发展工作提供坚实的保障。E-Learning 是在线学习的英文简称，又称为学习管理系统，主要是利用各种网络，如手机无线网络或者计算机互联网，通过建设网络虚拟教室实现对学员的召集，并对学员进行授课，而学员则通过网络虚拟教室进行学习。E-Learning 系统借助互联网虚拟教室，让教师和学员实现了远程视频授课、电子文档共享，学习效率和效果得到了大大的提升。

1. E-Learning 系统模式

E-Learning 是以学习者为中心的自我学习为主的学习过程，与传统学习模式相比变化很大，其主要模式有以下几个：

（1）个性化模式。互联网时代的员工对学习方式有了多元化需求，如可以随时随地学习，超越时间、空间及地域的限制。灵活多样的学习方式让员工自由安排学习时间变得更加现实，对学习过程实现自我控制。企业大学的 E-Learning 提供了极大的便利性和选择性，员工可以根据学习的广度、深度制订自己的学习计划。

（2）协作式模式。协作式模式是为企业大学的学员构建的有利于意义建构的情境，实现学员之间的交流协作、探讨辩论、观察比较，充分展现各种思想观点和思路方法，进行知识交流和共享与意义建构，提高学习效果。

（3）交互式模式。交互式模式是学员利用虚拟学习社区、虚拟教室的形式，在教师指导下通过在线学习互动交流。交互式学习通过师生之间的直接提问与解答，保证信息及时反馈和问题快速准确解决。根据学员对知识的掌握情况，可以有针对性地提供学习资源，调整学习进度和方式，拉近师生之间的距离。

2. E-Learning 系统内容

E-Learning 系统包括七个子系统，分别是培训业务管理系统、组织结构管理系统、角色/授权管理系统、在线课程管理系统、学习资源管理系统、学习社区管理系统和报表分析管理系统。另外，E-Learning 系统还预留了绩效评估接口，通过连接绩效评估系统，实现对在线学习的绩效评估，如图5-10 所示。华为大学以技术变革学习，以支持绩效为目标，使学习随时随地、简单愉悦。任何案例和实践能够在公司范围内推广，都需要基于一个非常有效的管理平台。华为一直倡导技术要以支持绩效为目标来逐渐变革并优化学习的模式。

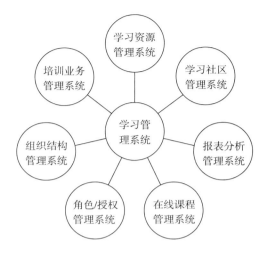

图 5-10　E-Learning 系统组成

目前，华为大学 60% 的学习量是通过 E-Learning 实现的。E-Learning 是我国企业大学学员学习的主要模式，但也具有非常明显的局限性，从实际应用来看，它本应承载的学习管理（包括培训计划管理、课时管理、在线评估等方面）、绩效结合功能等并没有得到充分的发挥。企业大学有效地运用和整合各种学习技术、方法和工具，战略性地把各种授课方法进行有机整合，提供高质量的学习，提升学习的逻辑性和效果，带给学员最佳的学习体验。企业大学可以整合 E-Learning 与课堂学习，构建一个混合式的学习环境。凯洛格公司的研究表明，混合式学习应当坚持"一个中心和四项基本原则"。"一个中心"就是以用户为中心，从学员的学习效果出发，以学习转化为行为和绩效作为整体项目设计的核心；"四项基本原则"就是要重塑学习标准、内容大于形式、有效还要高效、高产出还要低成本。企业大学借助信息技术迅速搭建培训体系，虚拟化课堂将在未来占有重要一席。

第三节　企业大学运营存在的问题及分析

中国的企业大学发展至今已有 20 多年，但大多数还停留在培训中心层面：着眼于寻找更好的培训产品、配备更好的内外部师资，提高学员满意度，通过内部知识传承或者技术手段优化，节约培训成本，使用培训效果评价模型评估项目。我国部分企业大学重硬件而轻软件、重培训功能而轻战略作用、重形式而轻定位，没有实现从传统的培训中心向多元化企业大学的角色和功能转变，企业大学的战略价值、文化传播、企业绩效支持和满足企业整体经营策略需求方面难以体现。

一、承接战略的动力不足

1. 企业大学的定位不清晰

企业大学在企业中的定位决定其地位。一方面，企业大学自身要有清晰的战略定位；另一方面，企业大学要根据企业战略来确定学习模式、设计课程模块、配置讲师团队等。有效运行的企业大学必定与企业战略相伴而行，与成功的企业相伴而生。企业大学作为上承战略、紧贴业务、面向绩效的平台，人才培养是最迫切、最重要的一项工作。我国企业大学建设顶层设计缺乏逻辑支撑，人才培养体系受传统培训理念的束缚，部分企业大学停留在培训中心的层面，难以为公司长短期战略服务，企业大学对企业战略的支撑动力明显不足。

企业之所以投资企业大学，绝不是为培训而培训。企业的定位是培养一批能够为企业战略而工作，并具备实现战略的能力的优秀人才。如果企业大学培养的人不能为实现企业战略服务，这是对企业资源的极大浪费。企业大学的作用是培训公司内部员工，进一步提高公司核心竞争力，确保公司发展战略顺利实施。值得注意的一个问题是，国内一些公司仅仅是把自己的培训部门改称企业大学，却并未真正改变其功能，能力严重不足，并未起到战略性功能。不仅如此，许多企业大学并非直接接受公司最高层的管理，而是公司人力资源部的一个下设部门。到现在为止，大多数公司的人力资源部承担着招聘、培训、绩效管理等传统的服务职能，响应业务需求的程度不高，对公司的战略性人才培养缺乏系统性，因此在人力资源部下设的企业大学难免处于被动地位，仅仅是开展许多技能方面的培训业务，根本不能开展战略性人才培训等方面的活动。企业大学的运营应该按战略需求确定培训项目和内容，搭建培训体系；培训转化为员工的应用成果，将企业运营中的实际问题形成实施方案并由学员实施执行，拓展了员工的问题解决思维。企业大学形成一系列的应用成果最终转化为企业、团队、员工的绩效，对业务人才需求和战略绩效做到敏捷反应。

2. 学习发展缺乏对企业战略能力的有效支撑

从相关调查来看，中国企业大学的学习发展职能在连接培训与公司战略、业务方面所投入的时间与精力平均仅有 10%，而在培训交付上的投入却超过 70%。也就是说，我国企业大学的绝大部分时间和精力都用在了具体的培训阶段，而对企业战略与培训、战略对企业大学支撑方面投入的时间和精力过少。从原因上来看，主要是因为很多企业的管理者对企业大学的作用、内涵认识不到位，片面地认为企业大学的主要任务就是组织学习、制定策略和收集反馈，以使学员达到学习目标。但这样却导致企业大学投入了大量的时间在编写培训课程、选择培训教材、负责登记注册、安排各种会议以及收集学员评估表上，以致无暇顾及公司业务发展面临的重大问题。一个组织只能在领导的思维空间之内成长，一个组织的成长往往会被其领导团队所能达到的思维空间所限制。麦肯锡咨询公司基于全球企业大学的调研显示，企业只有 16% 的战略落地，员工个体思维达不到战略思维和组织思维的高度。企业大学需要进行系统的顶层设计，推动企业大学项目从树木到森林，保证企业大学的可持续发展。企业大学促使领导、学员、讲师、价值链的客户都成为学习对象，打造学习共同体，共建无边界的学习平台，实现知识共享。关注结果、绩效导向，将学习转化为商业结果，是企业大学的核心价值观之一。从"知道"到"做到"将是企业大学最大的挑战。

二、人才培养计划不完善

1. 缺乏系统性的关键人才储备和培养计划

企业在需要关键人才的时候往往需要花大量的时间去调研了解，且关键人才的数量跟不上业务发展的速度，从而导致人才不能完全胜任岗位的要求。短期化思维影响了企业的人才管理思维，企业都在强调以人为本并缺乏关键人才，但是在人才继任、培训体系构建等方面没有长期、系统地重视，在人才培养上的投入不大或收效甚微，造成人才梯队断层断档。企业管理层大多业绩压力大，而人才培养需要长期投入，导致更多的企业缺乏系统的人才管理规划和实施能力。人才培养需要对企业进行全面的竞争力分析。组织竞争力是建立在战略执行所需的所有工作都被分配到适应人选的基础上的。任何预期的或计划好的战略变化都要反映在新的组织结构和工作设计的变化、程序变化、文化更新等内容中，合理的人才梯队将会对此类变化快速敏捷响应。在当前互联网快速发展的时代，企业把握机会的关键能力也不得不发生变化，企业需要具有捕捉机会的关键能力，更需要具有创造机会的关键能力，企业发展的驱动力正从外部的市场驱动转向内生的创新驱动和领导力驱动，也就是说，创新驱动和领导力驱动是我国企业内生的高级驱动力，企业大学对此需要有精准的认识和系统的培育。能力相关的技术包括能力评鉴技术、能力发展技术等，有助于整合内外资源，建立整体的人才发展系统，从而建立员工终身学习系统。

2. 培养目标缺乏准确的功能定位

我国大多数企业大学并未制定明确的远景规划，对企业大学的认识比较浅显，关于年度培训课程、公司职工数量未进行规划，使其沦为摆设。甚至一些企业并未弄清楚它和人力资源部培训之间的差异，便迫切地创办自己的企业大学，这样根本无法实现良好的成效。同时，企业的经营管理者的培养目标不清晰，常常默认为培训是专职培训管理者和专业培训师的职责，甚至把开发员工的职责推得一干二净。事实上，培训这一重要责任应该归属于管理者的职责范围，因为他们才是组织中下属的绩效和生产效率的唯一直接责任人。培训工作的重心偏离、培训未能足够重视业务绩效改善的需要以及管理者的责任推卸都大大疏离了培训与业务发展间的关联。其后果是形成一种危险的倾向：培训越来越以取悦员工为衡量成功的标准；培训专业人员的培养目标不清晰，形象和权威也逐渐消亡；无法让培训体系与业务发展战略紧密联系，更无法让培训体系真正带来可衡量的业绩。我国企业大学的管理人员以前大多从事人力资源管理和培训工作，对公司业务知识和业务流程不专业，难以实现知识的转移和联结，对业务部门的帮助存在一定的局限性。因此，企业大学的管理人员应该有熟悉业务的人参与其中，或者在项目和方案设计时吸收业务人员加入，共同开发。企业大学还应在平时工作中积累业务方面的人员资源，使这些人员能够成为企业大学的业务顾问。

3. 缺乏系统的领导力发展体系

领导力发展体系打造高效的内部人才供应链，是以领导力素质模型为依据的，而领导力素质模型是对企业领导者优秀管理基因的高度总结和升华。我国大部分企业建立的胜任力模型是参考组织结构、岗位职责、胜任能力的管理能力等级模型，违背了领导力以战略导向、绩效导向和成果导向的准则，由此而搭建的领导力发展体系背离了人才培养的目标。系统的领导力发展体系应以提升组织的整体领导力为前提。整个组织的领导力是在企业"管道"中流动的"液体"，领导力的强弱取决于流动的速度，管道如果遇到阻塞就如同领导力遇到障碍，整个组织将面临巨大危机。因此，领导力不仅是个人拥有的能力，还是整个组织可以发展的能力。领导力发展管道模型不需要去找人才，而是从组织内部发展管理者，适应所必需的领导层级，关注和聚焦各领导层级的个体在转变期面临的挑战和困境，帮助他们进行有效的提升。

三、课程体系逻辑性不强

1. 企业大学缺乏特色课程

从传统培训中心升级为企业大学的一个明显的特征就是企业大学的课程更具针对性、独特性、实用性，既能为企业战略落地提供支持，又能满足企业的人才梯队建设标准。凯洛格公司对企业大学课程开发的调查结果显示，成熟的企业大学中75%都会专门开发设计自己的管理课程。但我国中小型企业的企业大学开发课程能力不强，聘请的外部师资比例偏高，大多使用商学院交付的传统公开课程，商业案例一般使用跨国公司或国内比较陈旧的案例，课程设置缺乏独特性和针对性，在适用性、应用性方面的价值就微乎其微，影响了企业大学功能的发挥。

2. 课程体系缺乏逻辑性和系统性

课程体系的搭建对业务至关重要，但企业面临的主要问题是无法搭建与业务相关并且匹配的课程体系。企业大学应围绕战略目标和学习地图，制定学习课程与体系。在对我国 444 家企业大学的调查中，只有 17.7%的企业大学基于公司业务、岗位能力模型等建立了非常完善的课程体系规划。大部分企业大学的课程体系的逻辑性不强，系统性也不够完善。从根本上来说，课程的设置应包括课程大纲、课程教材、课程手册、学员手册、试题库、案例库、工具包、电子学习课件等，其中课程大纲、课程教材、课程手册、学员手册是核心的必备课程，试题库、案例库、工具包、电子学习课件等可根据具体教材内容而定。我国企业大学的课程设置大多缺少课程手册、学员手册等，课程设置的系统性明显不足，企业课程的内容资源体系建设还处于被动阶段。另外，从我国企业大学的课程教材来看，与企业实际案例的结合程度不足，导致了课程缺乏针对性，内容更新缓慢。

3. 课程设置与岗位胜任力的匹配问题

相对于国外，我国企业大学在开发相关课程时，往往没有充分兼顾职工能力素质与岗位胜任能力模型来进行，通常是由部门经理代替职工来做出选择。尽管课程类别非常多，但只是简单的分类，并没有全面分析各个岗位的具体需要，而且能够运用的学习资源相对较少，再加上并没有充分发挥传统学习资源的作用，因此，公司员工参与过程中，因缺少足够的备选课程，指导不足，同时没有丰富的学习资源，最终很难取得良好的效果。通过细致深入的研究可以发现，现阶段公司在开发课程的过程中，存在一系列的简化操作：一方面，把课程本体的建构简化为知识的选择和组织，滑入学科中心课程的陷阱；另一方面，把工作分析结论直接映射为课程本体。这种分析仅可以囊括取样人群在特定阶段、环节中反映出的许多离散的内容，而不容易深度发掘问题解决、决策制定背后的知识体系和经验，所以在工作中具有相对较低的适用性。就算是利用相关方法最大限度地发掘本行业内专家的知识总体，将这类任务分析结果作为课程内容，也有失偏颇，因为该方法并没有考虑到工作胜任能力需要特定的知识结构做基础等。不仅如此，这样非常容易限定员工的就职岗位，为他们在不同岗位间合理流动设置了更多障碍，从而在很大程度上限制了他们的发展。

我们通过梳理培训课程开发实践能够看出，需求分析过程中没有科学合理的方法。首先，并未进行细致深入的调查。其次，调查以后并未进行细致的分析，这样自然就无法为课程开发提供有效的指导与约束，使各个环节联系不够紧密，仅能依靠开发人员自身积累的经验来进行结合。除此之外，与学校教育相比，培训课程的实施往往比较灵活，讲师往往处于主导地位，各个讲师负责各自的课程，培训效果或许存在着很大的差异，使课程的价值大打折扣，由此肯定会影响到人们对课程开发的认知，对该项工作产生疑问。

总体上而言，我国企业大学的课程内容设计缺乏科学依据，没有很强的针对性和系统性，并未充分兼顾到企业的战略需求。一些企业仍然保留传统的观念，将员工送到外部培训机构或高校接受培训，从备选科目里面选出许多课程，这样根本不能实现良好的效果。

四、知识管理共享程度低

1. 知识系统对客户的需求响应较慢

许多企业大学的知识管理系统存在信息超载、信息孤岛、信息污染等企业大学信息生态失调的现象，只有深入了解用户的实际信息需求，才能提高知识服务用户满意度，促进企业大学知识生态系统健康发展，更好地提供知识服务。知识服务是知识经济背景下企业大学面临的新挑战，是根据用户期待解决的问题咨询，通过用户知识信息需求分析和问题情境追踪，对用户在整个问题解决过程中提供的数据、信息进行析取、重组、创新、集成，并在沟通反馈的基础上形成的能恰当符合用户需求的最终知识产品的服务。企业大学作为企业的知识中心，为企业提供良好的知识服务，一方面会充分反映出其核心价值，另一方面还会充分体现出相关知识产品的特性，其所具有的知识观关系着其知识特点。企业所处发展阶段、行业领域、规模、运行模式等方面存在着很大的差异，使它们的知识需求存在一定的区别，导致各个企业的企业大学存在一定差异。

2. 知识管理平台的功能价值不足

企业需要建立高效的知识管理系统，提升企业快速响应变化和提炼共性知识的能力。现代企业所处的商业环境变化速度越来越快，市场竞争日趋激烈，更快、更好地掌握和利用知识，并对知识进行有效管理才是创造企业竞争优势的关键。但无论是传统大学还是咨询机构都很难对企业所需的新的、复杂的知识需求做出快速而有针对性的回应，更无法提供持续性的知识服务。企业所需的个性化知识服务通过外部的专业知识机构也无法满足。而当前企业现存的知识管理系统与企业的业务需求、员工能力的关联度不紧密，尚未建立起更高效、针对性更强的知识管理运行机制，这就使知识管理系统在企业中未得到应有的重视，投入程度不足，大量的隐性知识未及时开发和转化，并未建立起组织的学习机制和知识创新机制。

按照企业大学的知识观，知识分享包括以下几部分内容：平台、环境、效能。到现在为止，对于国内企业大学的知识系统而言，不完善主要表现为：一是知识分享平台构建不到位。我国一部分企业大学虽然建立了相应的知识分享平台，但很多功能是缺失的，很多交流沟通平台对知识的交流呈现碎片化，不能够形成系统性的交流，这就造成了知识分享平台的实际效果不足。二是应用与推广不广泛。我国一些企业大学发挥数字化学习的优势，通过策划、设计知识分享活动，开发相应的工具，摸索科学合理的方法，却并没有得到很好的运用和推广，知识系统的完善性有待进一步提升。通过对企业大学合作演进的动态过程的考察，可以发现，在合作的各阶段，合作创新的属性随着演进过程不断变化、转化，而且此消彼长，从数据、信息、创意等共享知识经过孵化阶段，最终成为具有私有产品属性的技术创新成果，并被市场、顾客等所接受。在知识管理的复杂过程中利用移动技术，有助于知识管理的迅捷性和便利性，其根本目的仍然是有目的地对组织的知识进行控制、管理并实施导向，从而协助组织达成目标。

五、企业大学评估不系统

马克·艾伦（2012）在其《企业大学的全球影响力及预测》中提到，企业大学的评估对企业而言是一个挑战，企业大学的首席学习官无法轻易地断定企业大学所做的贡献，必须拿出充分的证据才能说明贡献的大小，至少是量化它的价值。如今，能否评价出企业大学对于组织的贡献度并得到可量化的数据，已成为评估企业大学的关键，其重点是：只需要确定最重要的，而无须测量所有的变化，再进一步对确定的重要项目进行精确的测量以获得最大限度的可靠性。计量某个时间段内实质性投资的回报能力，还可以促进企业更好地推动绩效提高。

1. 企业大学评估指标不全面

与国外企业大学相比，我国企业大学在评估方面做得还远远不够，大部分都只是对学员最终学习效果考核的评估，没有对课程开发、课程编制和培训过程中讲师认证的评估，缺乏高质量的教学综合评估系统。企业大学绩效评估的主体应包括第三方、学员和部门主管。企业大学评估的主要内容应包括课程的开发、讲师的认证、学员的考核。绩效评估应贯穿于培训的全过程：从课程开发阶段的培训需求调查，到实施培训阶段的讲师认证，再到教学评估阶段对学员的考核。绩效评估的总原则是全方位、多渠道地进行教学信息的交流和监督。企业大学常用的评估方法有360°评估法、平衡计分卡、Kirkpatrick 培训评估模型。我国企业大学根据学习项目的培训内容和对象选择不同层级的评估方式，进行轻重各异的设计，如对知识类与技术类的学习项目轻运营，仅评估学员所学内容，而对于经典的技能类学习项目会进行员工行为上的评估。企业大学学习项目的评估主要处于柯氏二级评估，即从学院的感受和知识层面进行评估，在柯氏三级、四级评估也有探索。《中国培训行业研究报告（2020—2021）》的调研结果表明，83.9%的企业用问卷调查、面谈方式进行评估，研究者将其归为一级评估范畴；58.6%的企业采用柯氏二级评估，即针对培训内容采取考试、演示、角色扮演等考核方式进行评估；采用柯氏三级（关注行为变化）、四级评估（业绩评估）的企业比例分别为36.7%和30.8%。总体而言，柯氏一级、二级评估是企业中较为常用的评估方式，而企业对业绩评估的关注度也有所提升。

2. 企业大学评估方法的科学性和实践性不强

对于我国企业大学来说，评估是培训的重要检验手段，是提高培训效率的有效途径，科学合理的评估体系能够起到检验学员学习效果的作用。但从我国目前的评估体系来看，只是通过培训结束后对讲师、课程内容、培训组织的《培训评估表》来对培训进行检验，而从《培训评估表》所涉及的内容来看，不但形式单一，而且评估所涉及的内容也比较少，不能够完整地反映培训的内容以及受训者的感受，很难对学员做360度评估，关注培训前后的行为变化。而且，对于收集上来的《培训评估表》，一部分由分公司的培训部门进行统计分析，另外一部分则根本不作为统计和存档上传，所以整个评估活动不仅不合理，而且很难达到实际的效果。有些企业建立了比较简单的企业大学评估方法，主要关注财务类指标，缺乏对企业大学运营和管理的战略评估。企业大学发展水平以及服务企业和企业利益相关方的能力，需要在对企业大学综合评估的基础上，通过不断整合企业内外资源，优化企业大学治理结构和组织管理，对企业大学运营进行科学、系统的评估，不断改进企业大学的内部管理，从综合方面提升企业大学服务于企业的能力。要完善评估体系还需进行如下操作：

（1）培训需求分析。企业大学首先要对企业的培训需求进行分析，这也是培训课程设计的重要环节，可以帮助企业大学从企业长远发展的角度来进行课程设置，对培训进行科学、细致的分析后，才不会盲目和随意。需求分析中最常用的方法包括访谈法、调研法和问卷法等。

（2）确立培训目标，包括预期的目标和成果。对由多层目标构成的课程，应提前对不同层次的培训制定相对应的培训标准。

（3）确定培训评估对象，包括研发的课程、讲师的资质，以及不断更新的培训课程体系。在知识经济时代，企业只有对知识不断地更新，对生产工具不断提出新的要求，才能提升企业的市场竞争力。对此，我国企业大学除了借鉴国外成功的经验外，还需要努力探索、不断改革创新，走出一条符合我国国情的、具有中国特色的企业大学发展之路。

（4）建立属于我国自己的企业大学培训评估数据库，培训的数据来自国内成功或失败的企业大学和培训中心。在培训之前，培训项目的负责人可以参看数据库中的内容，以避免企业走弯路、走回头路，对新建企业大学做出更为科学的评估定位。

（5）确定培训评估模型的层次。美国培训专家唐·帕特里克（1976）总结出的培训评估模型层次为：反应层—学习层—行为层—结果层，即从培训内容、讲师方法、场所设施及组织管理多个方面，得出受训者对培训课程的看法和态度的整体评估结果，进而有益于企业大学有效地开展培训评估工作。

（6）评估方法的选择。对于有必要评估的培训工作应尽可能做到培训工作贯穿始终。企业大学的评估方可选择对工作效率、员工满意度、人事成本、生产效率、产品设计效率、作业流程以及产品不良率等指标进行测算，并通过调研外部合作伙伴和消费者对企业形象及产品和服务的满意程度，对培训前后效果进行比对。

（7）根据评估结果调整培训。将收集的信息进行统计分析，对于没有培训效果或者存在问题的培训项目，应果断进行调整或取消。对于不合理的部分，也可有针对性地进行重新设计或调整。

（8）沟通培训项目结果。培训评估结束后，与相关人员进行培训结果沟通，如培训活动负责人、讲师、学员等，好的培训可以通过员工改善绩效以及员工所在组织的改善绩效来体现。总而言之，企业大学在探索阶段需要不断探讨、研究、反思和改进。

综上，我国企业大学运营中存在的问题严重制约了其发展，提高我国企业大学的运营质量，使企业大学高效运营的关键需要依靠核心要素发挥核心价值。《培训》杂志 2019 年的调研显示，新时代背景下的企业大学团队素养、专业交付水准存在的能力短板排序如下：一是企业业务的熟知度，要加深对企业业务的认知，敏锐觉察业务问题，快速响应业务需求；二是培训专业能力，要深耕经验萃取、效果评估、知识管理、人才评鉴、课程开发能力；三是项目设计与管理创新，要基于人才发展战略，创新项目设计与管理，并思考创新点的可行性；四是战略思维，要放眼全局，精准解读企业战略，诊断与剖析企业与业务存在的问题，最终制定解决问题的有效方案；五是行业趋势洞察，要及时掌握企业培训行业的发展趋势、跨行业的发展动态；六是方法论研究，要加强对岗位认证、课程开发、教学方法等方面的钻研；七是品牌建设与运营，要针对企业与企业大学品牌进行全面设计、宣传与维护，对内强化学习价值，展示学习成果，对外优化雇主品牌；八是市场化运营，要强化内外市场化运营能力建设，赋能内部员工与外部客户、产业上下游及其他企业。高绩效的企业大学能够培养和输出符合企业发展阶段需要的高素质人才和员工队伍，解决企业核心人才和关键人才匮乏的难题，通过企业大学的知识更新、业务技能培训和管理能力训练提升员工队伍的整体素质。我国企业大学应结合企业自身的发展现状及特点，借鉴成熟的培训评估模型，构建完善的企业大学的培训评估体系。通过数据来衡量企业大学投入与产出的情况，有利于企业管理者了解企业大学的效益，能够更合理地分配企业的人力资本投入，优化各类培训课程项目，不断提升企业大学的培训效果，从而进一步实现企业战略目标。

第六章 企业大学发展质量评价指标体系与模糊综合评价模型构建

第一节 评价原则与评价方法的选择

一、理论依据

国外人士针对企业大学涉及的模型展开探究，取得了大量有益成果。珍妮麦斯特（2003）在研究中指出，其主要涉及八个要素，如技术、职工、项目、品牌等。托马斯（1997）在研究中指出，其主要包含四个要素，是公司的智力中心、知识管理系统等。凯伦（2007）指出，其模型主要包括以下四部分：战略基础、课程和服务、操作和逻辑、评估与分析。克拉拉（2002）在研究过程中探讨了学习和知识管理两者的关系，以及前者怎样推动后者，后者又怎样推动前者。克拉拉（2002）指出，培训和公司的一些环节是紧密联系的，如销售、研发、管理、生产等，企业大学或培训部门建立了企业与部门之间的双向信息流程。艾米阿艾贝（2012）在研究过程中全面阐述了该模型，具体来说主要包括合作伙伴、发展阶段、战略与愿景、资金来源等诸多方面内容。

企业大学发展质量的评价既要考虑现实性，又要有一定的前沿性和延展性。

企业大学产出要求与标准是指根据企业大学的战略目标和阶段性任务，确定企业大学在运营的不同阶段应取得的成果以及各项成果应该达到的标准。新型企业大学产出应包括企业所需人才和创新成果，也就是说，产出的人才数量和质量是否满足企业需求，创新成果是否符合企业战略、战术需要。吴峰（2012）在研究过程中基于场论模型构建出相应的评估模型，对于我们的研究具有一定的借鉴意义，其评估体系主要涉及 12 个指标，如人才发展、学习体系、经济性、绩效评估等。《培训》杂志发布的《2019 中国企业大学发展报告》对企业大学的战略承接、组织构建、人才研发、高效运营、知识管理和价值创造六个方面进行现状的解析，分析了推动企业大学发展的影响因素，如企业所处阶段与行业影响因素、企业员工规模与员工差异、战略资源保障程度（政策、预算、机制）、培训体系完善程度（课程、讲师、评鉴）、学习团队成员的专业化程度，同时关注了企业大学自身形态的差异性变化。华为大学前干部评鉴中心主任陈志敏认为，对企业大学能力的要求主要包括六个方面：了解业务、坚持聚焦公司战略的能力；识别用户真实需求的能力；前瞻性思考能力；实施实践教学能力；学习开发与设计能力；整合资源、建设生态学习圈的能力。

综上所述，企业大学涉及模型的重点主要包括人才发展、战略性、知识管理等方面，这是上述专家形成的一致认识。

二、评价原则

第一，可量化原则。要想充分确保评价结构的有效性，评价指标必须可靠、真实，所以必须要有许多支撑数据。因此，选择的指标必须拥有可量化的特性，在充分确保指标能更好地体现被考核者的基础上，可以直接获得或计算获得指标数据，确保评价具有良好的操作性，并且数据渠道必须具备较强的权威，唯有如此，才能确保良好的评估结果。

第二，科学性原则。科学性无疑是企业大学评价指标体系的重要原则之一。科学性的基本要求是不出现体系构建的逻辑错误、要对评价对象进行客观描述。企业大学评价指标体系要注重理论与实践相结合，指标的选取要通过科学的手段与方法从不同的角度综合考虑。评价体系是理论与实践的结晶，因此符合科学性的基本要求是重中之重。

第三，全面性原则。全面性原则是指对企业大学评价指标体系中指标的选择与评价必须全面，唯有如此，才能够真正反映企业大学评价指标体系的实质。

第四，代表性原则。在文献资料中，由于研究重点和选取样本的差异，构建的企业大学评价指标体系不尽相同，得出的结论会有一定的差异。因此，要选择目前甚至未来一段时间内具有代表性的指标作为企业大学评价指标。关键性指标的选取数量要适中，真正体现企业大学发展质量。

三、评价方法的选择

评价方法的选择要根据研究对象的特点进行确定，一般分为两种：一种是层次分析法，另一种是主成分分析法。层次分析法是一种比较成熟的评价方法，被广泛地应用于各类评级中。从本书实际出发，选择层次分析法作为评价方法，结合模糊综合评价模型，对进行定量与定性相结合的决策分析和处理多因素、多层次的复杂问题比较好。

第二节　企业大学发展质量评价指标体系的建立

一、发展质量指标体系和模型的借鉴

1. 吴峰提出的基于场论模型的企业大学质量评估模型

场论模型的评价也是基于企业大学成熟度的评估。场论是库尔特在 20 世纪 30 年代中期阐明的理论。他主要通过物理学与拓扑学的概念来表述人在环境中的行为。尽管这一理论借用了上述两个学科的概念，却赋予了其心理学含义。其基本假设是：行为是一个当其发生时已存在的场的函数。行为（B）是个人（P）和环境（E）的函数，即 B=f（P，E）。其基本概念是空间，认为个人的活动空间是一个心理场。该场中所有情况决定着某一时间内的个人行为。心理场并不必然是物理场，空间包括个人和个人感知到的他人和客体。它能够分成以边界划分的各个区域。其主成分是环境与个人。两者均能够分成多个区域。场论注重人在周围环境中的行为，对于以学习为主、强调为职工营造学习环境的企业大学来说具有适切性。员工的学习、工作都是员工个体与所在场域进行作用的结果，员工学到的知识、技能是员工与学习场相互作用的结果，员工的绩效是员工的行为和员工的工作场相互作用的结果。依据场论模型，共提出了 12 个一级指标和 48 个二级指标（见表 6-1），基于场论模型的评估指标体系可以对企业大学进行评估。根据指标评分来了解企业大学自身发展。比如，在领导力评价这个部分，主要包括了一个一级指标体系和三个二级指标体系，通过这样的方式来了解企业大学发展的不足，明确该向哪个方面发展，以变得更加全面，查找自己的短板，发展这些方面。它可以有效划分企业大学的逻辑结构，一目了然，可以从经济性、战略性、绩效等层面科学诠释其目标、方向和保障，为其建设提供指导。

表 6-1　基于场论模型的企业大学质量评价指标体系

模型要素	一级	二级
基础场	战略性	目标一致性
		业务一致性
		学习指导委员会
		校长
		经费投入
	经济性	财务管理模式
		相对独立性
		盈利性
静态场	组织学习	学习设施
		学习制度
		学习环境
		机构设置
		学习规划
		学习密度和深度

模型要素	一级	二级
静态场	学习体系	设计体系
		师资体系
		资源体系
		评估体系
		运营体系
	学习技术	E-Learning
		虚拟社区
		社会化学习
		学习方法
	合作联盟	全球化
		产业链合作
		供应商合作
		与大学、政府、协会合作
动态场	领导力	领导力课程体系
		领导力开发
		继任计划
	人才发展	胜任力
		职业生涯规划
		新员工培训
		个性化学习
		主动学习
	组织知识	出版物
		信息化知识
		知识管理
		知识共享
	品牌影响力	品牌开发
		学习黏性/学习者忠诚度
		社会影响力
目标	绩效与变革	绩效提升
		组织变革
		企业文化

续表

模型要素	一级	二级
社会属性	社会教育责任	社会教育
		资源共享
		教育资助

2. 上海交通大学制定的最佳企业大学评选指标体系

上海交通大学以国际化的视角、科学化的理论、体系化的思维以及标杆化的实践推出了一份专门针对中国一流企业大学的标准，并以此为依据建立了最佳企业大学评选指标体系。中国最佳企业大学评选指标体系由 7 大模块、22 个指标、50 个要项组成，具体如表 6-2 所示。

表 6-2 我国最佳企业大学评选指标体系

一级指标	权重	内涵	二级指标	权重	三级指标	权重	里程碑
战略对接	20	企业大学在对接战略主题、密切联系业务发展、推动人才成长方面表现卓越	规划引领	5	前瞻研究	2	立足产业发展、公司战略、人才成长规律，把握人才培养主题
					有效覆盖	3	立足人才规划，形成覆盖关键人才的完备有效的学习地图
			业务密联	5	需求对接	2	对接企业业务发展及管理改善的关键需求，策划年度培训方案
					有效支撑	3	立足企业业务与管理的绩效提升，提供问题解决型学习方案
			能力匹配	5	高端项目	3	面向高层次人才，开发并成功实施学习项目
					专业影响	2	参与企业高层研讨并为高层决策或前瞻研究提供专业支撑
			跨界整合	5	内部整合	3	整合形成企业内部跨系统、跨职能、跨团队的学习资源平台
					外部整合	2	整合政府、行业机构、科研院所、产业链上下游等跨边界学习资源平台

·119·

续表

一级指标	权重	内涵	二级指标	权重	三级指标	权重	里程碑
组织协同	15	企业大学组织模式、管理机制、职能行使与其定位的匹配性和有效性	纵向一体	5	顶层驱动	3	形成与企业大学价值定位匹配的顶层架构和制度化高层投入机制
					体制理顺	2	立足企业人才发展战略,形成明晰的企业大学管控模式与权责界面
			横向协同	5	跨界沟通	2	建立与企业职能部门、业务单元对接的价值共赢的流程与机制
					管理集成	3	基于人力资本投资的战略责任,形成人才培养与人才管理的对接流程与机制
			组织有效	5	职能匹配	2	企业大学的职能设置及运行匹配企业大学的功能定位及能力要求
					团队胜任	3	企业大学运营管理团队理念先进,能力胜任
业务完备	10	企业大学建立了系统、领先、实效的人才培养工具、内容、方法	工具完备	3	通道明确	1	为人才发展设置明确的职业发展通道及清晰的运行规则
					标准清晰	1	为人才培养设定明确清晰的标准(任职资格、胜任能力、绩效结果)
					评定完善	1	建立科学有效的关键岗位人才能力评定程序与方法
			内容契合	4	标准衔接	1.5	培养项目的开发和实施与人才培养标准紧密对接
					实践对接	1.5	培养项目的开发和实施与经营管理实践契合
					要素统一	1	能够将沉淀的培养项目的成功因素进行标准化推进
			方法先进	3	多元匹配	1.5	沉淀形成与不同类别和层次的培训项目相匹配的培训学习方法
					特色彰显	1.5	沉淀形成特色有效的培训理论、模型、方法与技术

续表

一级指标	权重	内涵	二级指标	权重	三级指标	权重	里程碑
知识集成	15	企业大学推动员工知识生产、存储、分享、应用、创新并成为人才培养最佳实践	知识管理	5	载体建设	3	形成推动员工进行知识沉淀、分享与应用的标准、模板与信息化平台
					机制匹配	2	形成推动员工进行知识沉淀、分享与应用的流程与机制
			知识创新	5	主动参与	2	员工主动运用信息化学习平台发起问题学习并获得积极回应
					知识沉淀	3	形成显著的与人才培养对接的知识创新成果（课程库、案例库、教材库等）
			知识运营	5	应用密度	3	员工运用信息化学习平台进行学习或问题解决的比例
					应用深度	2	员工运用信息化学习平台进行学习或问题解决的平均时长
资源匹配	10	企业大学师资队伍、实训设施、基础设施满足需求并有效利用	师资雄厚	5	机制完善	2	系统科学的师资队伍建设的流程与机制
					结构合理	2	形成序列、层次、能力结构合理，需求匹配的师资队伍
					品牌师资	1	形成具有企业或行业品牌影响力的企业内部师资
			服务完善	5	设施匹配	2	建立专业覆盖、适度引领的实训设施
					基础完善	1	建立匹配企业大学运行模式的基础设施
					有效服务	2	形成有效的学员服务管理模式
精益运营	15	企业大学创新形成培训项目精益开发、实施的模式与做法	精致开发	5	方式创新	2	建立起以价值创新为导向的培训项目开发模式、机制、方法与工具
					标杆项目	3	沉淀形成企业或行业的标杆培训课程或项目
			精细实施	5	优化实施	2	建立起低成本高效率的项目实施程序、方法与机制
					创新评估	3	形成特色有效的项目实施效益的评估方式，支撑项目升级
			高效支撑	5	平台建设	2	运用信息化手段，形成项目管理平台
					有效运用	3	培训项目及其相关主体有效运用信息平台

一级指标	权重	内涵	二级指标	权重	三级指标	权重	里程碑
价值彰显	15	企业大学在员工和组织能力、绩效提升以及学习品牌塑造等方面的价值显著	人才成长	4	能力成长	2	关键岗位人才胜任度
					结构优化	2	基于人才开发、发展规划的人力资本提升度
			绩效贡献	4	组织影响	2	业务伙伴对人才培养的满意度以及企业大学对企业的影响力
					问题解决	1	战略绩效主题落地或推进组织发展的支撑度
					效益提升	1	学习培训项目的投入产出比
			文化推动	4	氛围积极	2	企业大学对学员及师资形成明显的吸引力
					文化认同	2	公司企业文化传播在学员及师资行为中彰显程度
			品牌影响	3	成果输出	1	培训标准、教材、课程、项目以及培训理论、模式、方法、工具的输出情况
					人才品牌	1	学员获得行业及以上荣誉、奖励进而扩展企业大学影响力的情况
					社会影响	1	企业大学获奖以及获得政府、行业机构认定与任职的情况

3. 陈蕴琦的企业大学能力体系研究

陈蕴琦（2019）认为，企业大学的能力不应也不会限定于仅承担培训或者知识转移的作用，必然向承担知识生产以及知识应用或转化功能方面进行扩展。首先，运用程序扎根方法，基于双案例得出企业大学各个发展阶段的能力体系；其次，在此基础上进行若干案例的辅助分析；最后，提出企业大学能力链模型，从知识活动全息性视角分析各阶段企业大学的能力体系构成和能力体系的演变规律。企业大学能力体系由衔接教育能力、知识升级能力、知识连接能力、知识孵化能力等构成，其中衔接教育能力包含业务技能培训、企业知识培训；知识升级能力包含前沿产业知识培训、升级学科知识培训；知识连接能力包含外部知识关联、内部知识关联；知识孵化能力包含前沿知识探索、创新项目孵化。

（1）衔接教育能力。Angelo（2017）认为，企业知识包括两类：一是企业经验，即企业运营知识及企业经营理念；二是企业规程，即企业制度性知识。企业大学课程内容的特色是与职业标准和生产过程对接，所以这个阶段的企业大学可以称之为学校到企业的"衔接班"。以海尔大学为例，衔接教育包括使员工了解企业沿革、规章制度、经营目标等的导入培训以及实际岗位定岗实习。在新员工的入职教育中，海尔大学实行职业导师制，导师对新员工职业发展方面提供帮助，促进核心知识的传承。衔接教育侧重提供企业知识，实现学科教育与企业知识的融合。

（2）知识升级能力。企业大学需要帮助员工持续获得前沿产业知识和升级后的学科知识。以企业的工程师为例，工程师知识包括企业知识、学科知识和产业知识，而且三方面知识均需要及时更新。在学习方式设计上，企业大学需要建立教育—应用的"旋转门"机制，通过与高校合作为员工提供获得升级学科知识和更高学历教育的机会。通过行业专业人员解析最新前沿产业实践案例帮助员工获得产业知识。为使员工进一步获得前沿产业知识和升级后的学科知识，设计价值观培训、领导力培训、专业技能培训和职业发展培训为核心的课程体系，帮助员工实现学科教育与企业知识的融合。

（3）知识连接能力。企业大学促进企业内部知识融合的途径体现在以下三个方面：一是搭建内部知识分享平台，通过对商业环境、客户需求信息、产业前沿以及企业战略发展方向的学习和研讨，促进了不同岗位、不同学科的工程师和员工之间知识、经验的交流和合作。二是成熟企业大学的标志往往是内部师资比例较大（来自各个岗位的工程师、高管等）。三是企业大学往往组织相关业务单元联合制订培训计划，扮演了企业内部知识分享平台和业务单元之间交流平台的角色。

（4）知识孵化能力。企业大学在产业前沿知识探查和创新孵化两个方面发挥着知识中心的作用。一是承担企业探索和掌握产业前沿共性知识、管理理论方法及工程科学知识的任务。二是承担创新孵化的任务。企业大学在内创孵化方面为企业提供融智、融资以及融技服务。

企业大学的能力体系由单一向丰富、由简单向复杂演变，所涉及的知识活动边界从小范围向更大范围演变。通常，企业大学的主导能力会契合企业发展的实际从以衔接教育能力为主向以知识升级能力为主，进一步向以知识连接能力乃至知识孵化能力为主发展演变。四类能力之间具有一定的承接关系。低梯级能力是高梯级能力形成的基础，高梯级能力也有利于完善和提升低梯级能力。

二、发展质量评价指标体系初步构建

本书在评价指标体系和模型上主要借鉴了吴峰提出的场论模型评价，在专家访谈和参阅文献的基础上，根据我国企业大学的特点进行设计，并实施我国企业大学发展质量评价指标体系的问卷调查。经过初调、询问、记录和互动等多种形式的深入摸排，初步确定了以基础性、静态性、动态性、目标和社会属性五项作为一级备用评价指标，表6-1中的一级、二级指标变为二级、三级备用指标，形成企业大学发展质量评价指标权重问卷调查表。

三、发展质量评价指标的筛选和修正

本书采用Delphi法筛选评价指标，评价指标由企业高管（2名）、企业大学教师（1名）、企业大学管理人员（2名）5人构成课题小组进行筛选，主要对研究主题进行确定，对专家咨询表进行编制，对专家组成员进行拟定，对专家进行分轮咨询，对数据进行收集和分析，从而讨论筛选企业大学发展质量综合评价的最终指标，以构建最终的发展质量综合评价指标体系。经课题小组成员讨论，根据Delphi理论要求，选择国内10所企业大学的50位专家填写咨询表，其中要求专家需具备本科以上学历、5年企业大学培训经验。

根据指标的重要性赋值均数和变异系数，结合专家意见进行指标筛选、修正。同时，以拟定的一级、二级、三级指标作为基础，进行第一轮的专家问卷（见附件1）。之后在第一轮专家意见的基础上，再进行第二轮专家问卷，最终确定评价指标。

最终专家征集意见如下：

（1）将二级指标"学习体系"修改为"运营体系"，其三级指标修改为培养

体系、课程体系、师资体系、评估体系、保障体系。

（2）将二级指标"战略性"下的三级指标"战略一致性""业务一致性"分别修改为"规划对接""业务协同"，将"学习指导委员会"修改为"决策委员会"，将"校长"修改为"校长影响力"。

（3）将二级指标"合作联盟"下的三级指标"与大学、政府、协会合作"修改为"产教融合"。

（4）将二级指标"组织知识"下的三级指标"出版物""信息化知识"修改为"创新成果""知识创新"。

（5）将二级指标"绩效与变革"下的三级指标"企业文化"修改为"文化传承"。

（6）将二级指标"品牌影响力"下的三级指标"学习黏性/学习者忠诚度"修改为"学习黏性"。

（7）将三级指标"绩效提升"修改为"绩效支持"。

（8）将二级指标"社会教育责任"修改为"社会责任"。

（9）将一级指标"目标"和"社会属性"合并为"目标性"。

筛选和修正评价后的指标如表6-3所示，其中一级指标4个、二级指标12个、三级指标48个。

表6-3　企业大学发展质量评价指标组成（筛选和修正后）

一级指标	二级指标	三级指标
我国企业大学发展质量评价U	基础性U1	战略性U11	规划对接U111
		业务协同U112
		决策委员会U113
		校长影响力U114
		经费投入U115
	经济性U12	财务管理模式U121
		相对独立性U122
		盈利性U123

一级指标	二级指标	三级指标
静态性 U2	组织学习 U21	学习设施 U211
		学习制度 U212
		学习环境 U213
		机构设置 U214
		学习规划 U215
		学习密度和深度 U216
	运营体系 U22	培养体系 U221
		课程体系 U222
		师资体系 U223
		评估体系 U224
		保障体系 U225
	学习技术 U23	E-Learning U231
		虚拟社区 U232
		社会化学习 U233
		学习方法 U234
	合作联盟 U24	全球化 U241
		产业链合作 U242
		供应商合作 U243
		产教融合 U244
动态性 U3	领导力 U31	领导力课程体系 U311
		领导力开发 U312
		继任计划 U313
	人才发展 U32	胜任力 U321
		职业生涯规划 U322
		新员工培训 U323
		个性化学习 U324
		主动学习 U325
	组织知识 U33	创新成果 U331
		知识创新 U332
		知识管理 U333
		知识共享 U334

（注：一级指标栏最左侧为"我国企业大学发展质量评价 U"）

一级指标	二级指标	三级指标
我国企业大学发展质量评价 U	动态性 U3	品牌影响力 U34	品牌开发 U341
		学习黏性 U342
		社会影响力 U343
	目标性 U4	绩效与变革 U41	绩效支持 U411
		组织变革 U412
		文化传承 U413
		社会责任 U42	社会教育 U421
		资源共享 U422
		教育资助 U423

第三节　企业大学评价指标释义

基于上述企业大学理论模型的组成因素，我们设计了企业大学的各层次评价指标，对二级、三级指标进行了详细说明。

一、基础性指标

1. 战略性

企业大学的根本属性是企业学习与企业战略保持一致，服务于企业战略是其与其他教育机构的明显区别。战略性是指企业大学的愿景、目标、定位与企业发展目标的吻合程度，以及学习项目设计与业务的一致性程度。基于其战略性，企业会支持其发展，为其提供各方面保障。

（1）规划对接。与战略对接是企业大学构建与运行的前提。规划对接是指企业大学的愿景、目标、定位与企业的发展战略一致，形成匹配战略主题、业务需求的方案。该指标用来分析其中长期发展是否与公司中长期发展规划相符。

（2）业务协同。为业务单位技术技能领域的绩效问题提供有价值的咨询或学习解决方案并获得认可的程度。企业大学与业务部门有机融合、学习项目与业务有机融合，唯有如此，才会激发业务部门及内部人员的参与热情。在人力资源开发中，需求分析与学习方式等方面均应围绕业务部门和学员编制规划。该指标通过业务部门对项目的满意程度来评定。

（3）决策委员会。决策委员会的主要职责在于对企业大学的战略规划、发展方向与预算安排等重大事项进行决策。企业大学战略的制定需要企业大学利益相关者参与，所有对企业大学设计、建设和运营有影响的领导、部门和业务骨干都存在参与的价值与贡献。企业高层领导从企业整体战略角度，提出对企业大学的期望与定位；企业大学校长从人才培养和发展的专业角度，听取各方利益相关者的期望和意见，梳理并落实企业大学发展战略体系；人力资源部负责人从企业整体人才发展与人力资源管理的关系角度，探讨人力资源部与企业大学在人才发展方面的分工与协作；业务高管从实际业务角度，提出希望企业大学协助解决的人才短缺与专业、技能知识的问题。企业领导对企业大学认识的高度决定了重视的程度，企业高层管理团队对企业大学重要性的认识及认同是企业大学有效运行的关键因素。

（4）校长影响力。具体来说，这一指标用来反映企业大学校长对企业大学发展质量的影响程度。校长影响力越大，项目实施就具有越强的执行力，整合公司内外部资源的能力相应也越强。到现在为止，其主要存在以下三种类型：公司总裁兼任、副总裁兼任、人力资源部部长或中层正职兼任。

企业大学校长的职业胜任能力决定了企业大学的发展格局，以及对企业目标和战略的深刻理解，然后才能将这种理解体现在培训方案中。企业大学校长的基础能力应当是熟悉最前沿的组织和个人学习与成长的相关经验和最佳实践；管理能力包括战略规划与制定、全球化视野、危机处理、持续创新、开放包容、流程优化与再造、企业生态环境建设与影响、高绩效高潜质继任者的培养等；专业能力包括构建企业大学，建立健全人才学习与组织发展体系，推动学习型组织的逐步构建，知识智库的建立、分享和应用，持续打造优质的人才供应链，设计并带领团队开展实施集团级项目的能力；核心能力有明智决策、富有远见、感召力、业务洞察力、创造组织和个人学习、发展的新经验。

（5）经费投入。经费投入一方面是企业大学各项业务活动有序推进的基础条件，另一方面还是衡量公司对该项工作重视程度的一个关键指标。培训、咨询、研发等业务收入要能有效支撑学校的运行和必要的投入。该项指标主要用年度经费投入占公司员工工资总额的百分比来表示。企业大学的经费使用方面，70%的企业大学会用于内部讲师队伍建设、课程自主设计与开发、采购外部培训课程、聘请外部讲师，60%的企业大学会用于学习项目活动实施、外派参加公开课或会议活动。

2. 经济性

这一指标主要反映了企业大学的相对独立性，与企业大学的抗风险能力正相关。某种意义上，现代企业大学应是独立进行成本核算的部门，不能完全依赖于企业的拨款。结合当前具体情况我们能够得知，一些企业的培训中心在公司效益下滑时，往往发生经费不足的问题，这主要由其缺乏足够的独立性造成的。企业大学并非单纯地重视公司的内部培训，而是需要同时重视外部培训（具有盈利性），比如涉及行业和产业链的培训，并且还需要实施核算收费制，这同样是考核其绩效的一个重要方面。该项指标是学习项目创造的收入与企业大学整体投入经费的比例，具体包括以下三个方面：

（1）财务管理模式。到现在为止，国内企业大学在经营运作过程中形成了以下三种财务管理模式：一是财务独立，也就是说其拥有完整的财务收入支配权；二是非财务独立，其财务核算与支出必须由集团做出审批；三是半独立，也就是处于上述两者之间。对比而言，第一种类型可以明显提高其抗风险能力。

（2）相对独立性。该指标用收入能力来表示，即企业大学总收入与其总花费之比。

（3）盈利性。该指标主要是指企业大学对外项目收入与总体花费的比例。良好的财务指标是企业大学有效运行的基础，既要自身创造价值，又要能为客户创造价值。部分企业大学逐步向外向型转变，成为企业的利润中心，对外项目收入所占比重较大。企业的盈利性决定了企业大学必然朝着企业化运作和盈利方向发展，在为企业内部员工服务的同时，企业大学的产业化、市场化运作趋向成熟。

二、静态性指标

1. 组织学习

组织学习即指某个组织为完成自己的发展目标、提升核心竞争力而以提升知识技能为核心开展的一系列活动，是组织通过逐渐调整来满足不断改变的环境需要的过程。它主要用来描述某一个组织的学习状态，其中涉及以下几方面内容：

（1）学习设施。这一指标主要用来表述企业大学为员工创造的学习环境，体现在以下几方面：配备的硬件设施、个人学习条件、学习时间安排、学习空间设计等。

（2）学习制度。合适的学习习惯与氛围离不开科学合理的学习制度做保障。主要包含以下几方面：企业为促进学习是否制定有关政策，员工学习是否与职业发展生涯、人力资源绩效考核目标挂钩，是否具备学时、内容等方面的制度。

（3）学习环境。学习环境指标主要用来描述员工的学习氛围，主要包含以下几方面内容：企业是否支持学习与创新、终身学习是否成为员工的学习理念等。到现在为止，国企与外企、新兴企业之间在这方面有着不小的差距。

（4）机构设置。这一指标主要用来衡量企业大学在内部机构设置方面的科学性，与公司其他部门的业务关系流畅与否等。对于国有大型企业，还涉及是否建立起完善的三级培训体系。

（5）学习规划。学习规划具有非常重要的作用，它能够为企业大学发展及项目执行提供强有力的保障。具体来说，这一指标一方面用来衡量其是否制定完整的中长期及年度学习规划，另一方面还能够描述学习规划是否与公司发展规划密切结合。

（6）学习的密度与深度。学习的密度与深度主要用来描述培训频次。前者是指员工参与学习的覆盖率，用每年参训的人数占总数的比例来表示；后者是指员工年平均学时，通常情况下主要用面授的时长来描述。

2. 运营体系

运营体系是企业大学的软环境，包含以下几方面内容：

（1）培养体系。以人才价值链为主线，形成与规划、通道、能力与任务模型、测评、人才库对接的课程及项目体系，实现战略的纵向与横向的关键人才地图。

（2）课程体系。项目与课程是企业大学维系客户关系的纽带，是企业大学提供的产品。企业大学的培训项目要以客户为导向，满足客户的不同诉求。各岗位序列课程、层级课程要与企业岗位序列匹配，不仅要有通用类课程，而且特别要有较强的课程开发能力，根据企业战略和业务特点自主开发课程。课程体系建设的完善程度和课程设计与开发能力是衡量课程体系的标准。课程体系的完善程度可以分为三类：第一类是已建立基于岗位职责要求的课程模块，但系统性有待加强；第二类是从企业角度出发，已建立比较完整的、基于岗位能力要求的课程体系；第三类是基于企业战略、能力模型以及员工职业发展通道，已建立非常完善的学习地图，以及基于客户需求与业务导向的课程体系。课程设计与开发能力体现在企业大学有课程开发团队，且有外加业务专家的支持。

（3）师资体系。具体来说，即指其师资来源、质量、数量与结构、考核等诸多方面内容。同时，公司高管担任讲师，这有助于提高其在公司中的地位。教学培训以师为本。作为企业与大学的结合体，企业大学的师资团队需要内外结合，既要有内训师、企业高层管理团队和高级专业技术人员来担任其主要师资，又要建立社会专家教授师资库，作为培训过程的辅助，形成内外结合、相辅相成的师资系统。内训师既要开展培训项目开发和授课，又要紧密结合企业战略和业务，开展企业课题研究、为企业提供咨询报告和总结企业的最佳实践等。

（4）评估体系。评估体系是指培训课程是否设计了评估环节、怎样进行其流程规范与否，以及反馈等方面。

（5）保障体系。保障体系就是保障企业大学本身发展有利的条件，企业大学本身需要制度化体制做保障，如何争取国家政策、企业内部支持来保障其发展是非常关键的。国网技术学院认真贯彻落实中央决策，将落实新时代发展战略与实现学院高质量发展衔接融合、协同并进，发挥党建优势，以一流党建引领保障国际一流企业大学建设。

3. 学习技术

近年来，科技突飞猛进，与此同时，信息技术也获得很大发展，基于信息技术的学习方式表现出一系列的优越性，不仅非常便捷，而且还突破了时间与空间的限制，应用日益广泛，尤其 E-Learning 深受业界人士的欢迎。企业大学作为企业的学习平台，要有教学平台、管理平台、市场平台、交流平台等。通过网络化学习（E-Learning），要打造企业培训平台、在线学习平台、在线考试平台、移动学习平台、微课程平台、学习社群平台等。教学方法要突出成人学习的特点，强化行动学习型、问题解决型、思维锤炼型、案例集成型等，提升培训的实际效果。

（1）E-Learning。这种方式也叫在线学习，也就是学员利用网络开展学习的模式，需要网络环境与多媒体资源的支撑。网络中包含丰富的学习资源，能够组成一个完善的资源库。构建该方式的资源库是企业大学成立必须具备的一个要素。企业 E-Learning 平台的应用程度、员工在线学习时长、新技术的应用是其考察对象。

（2）虚拟社区。虚拟社区即指一群由电脑网络相互交流的人构成的一个团体，这些人相互之间有某种程度的认识、分享某种程度的信息与知识、犹如朋友一样相互关心。其属于公司知识管理的有机内容之一，同时还是形成企业文化的场所。

（3）社会化学习。社会化学习即指员工利用 Web2.0 的技术、服务、平台和他人进行信息共享、协作。基于 Web2.0 的理念，人既是知识创造的主体，也是学习的主体。该指标描述了社会化学习理念在公司在线学习中的应用程度。

（4）学习方法。在具体的现实中，组织学习会选择许多学习方法，常用的方法包括教练辅导、行动学习等。瑞文斯（1971）在研究过程中阐明了行动学习方法，指出各名学员的团队分别提出一个难题，然后学员被交换到其他专业的题目下，这样就构成了新的学习团队，大家齐心协力，发挥自己的聪明才智，分享知识与经验，一起将难题处理好。

4. 合作联盟

企业大学一方面应当对企业内部的学习资源进行有效整合，为企业发展战略目标提供支持；另一方面还应当对外部资源进行整合，为企业员工学习创造良好的条件。不仅如此，企业大学还应当拥有全球化的知识视野，为整个产业链上的各个对象的学习提供帮助。

（1）全球化。当前我们已经进入到信息社会，表现出的一个突出特点就是全球化。在这种形势下，企业大学需要具有前瞻性眼光，放眼全球，与世界各地的同行建立起良好的沟通互动关系，最大限度地吸收世界各地好的经验与知识。

（2）产业链合作。产业链合作是新型企业大学的目标，企业大学在今后的经营运作过程中，需要与自己的同行、产业链建立起良好的伙伴关系，更好地开展学习项目，深化产业链合作，使自己在本领域中始终具有良好的影响力，进一步提高客户忠诚度，为企业的价值拓展做好铺垫。

（3）供应商合作。企业大学属于企业建立的一个部门，其内部员工数量是有限的，因此其承担的任务也是有限的。针对这个问题，企业大学今后可以外包有关服务，如与平台、课件提供商进行合作，将它们所掌握的丰富资源为自己所用。

（4）产教融合。企业大学与社会资源的融合程度。企业大学在经营运作过程中，需要政府、企业、学校、行业和社会合力协同推进，建立起良好的联盟关系。企业参与办学、教学改革、生产性实习实训、科技成果转化、职工培训等，依托或联合职业学校、高等学校设立产业学院和企业工作室、实验室、创新基地、实践基地。

三、动态性指标

1. 领导力

领导力在很大程度上决定着公司的发展，主要包括以下几方面内容：

（1）领导力课程体系。领导力课程体系指标用来衡量企业大学是否构建起相应的领导力模型与课程体系，以及该体系是否随着公司发展情况而变化。

（2）领导力开发。具体来说，这一指标用来衡量其提升领导力的方法。

（3）继任计划。即发现并追踪具有高潜质员工的过程，是为高管职位找寻优秀的人员，旨在为单位储备核心的人力资源，实施过程中主要包括人力资源培训与开发、绩效测评等。这一指标用于衡量企业是否制订出合适的继任计划。

2. 人才发展

人才发展是指员工发展和职业生涯发展。企业大学在经营运作过程中十分重视人才的发展，利用这种方式来提高企业的实力，主要包括以下几方面内容：

（1）胜任力。这是 1973 年 David McClelland 提出的一个概念，即针对某项工作区分普通者和卓越者。它可以是那些被可靠测量且可有效地区分一般和优秀绩效的个体特征，如动机、特质、某领域知识等。之所以要对员工进行培训教育，主要是因为他们当前具备的知识能力和岗位所需要的胜任能力存在一定的差距，利用这种方式能够提高他们的胜任力。

（2）职业生涯规划。具体来说，即指把员工个人和组织彼此结合，然后测定、分析某个人职业生涯的主观、客观条件，在这个前提条件下，按照组织的需要与个人的喜好，明确其职业发展路径。该指标主要描述某组织是否构建起职业生涯规划、学习项目是否与其挂钩、是否建立人才进阶和职业能力发展的路径。

（3）新员工培训。即将企业概况提供给企业新员工，使他们掌握自己岗位的职责、任务及方法等，在此基础上，使他们弄清楚个人的责任、流程等，明确企业对他们的期望，为他们提供支持，使他们在短时间之内适应岗位。

（4）个性化学习。随着社会的不断发展，人们在学习过程中逐渐朝着个性化的方向发展，这样才能满足各个岗位的学习需求。首先，因各个员工的岗位存在着一定的区别，所以他们需要的技能与知识也有所区别，从而为个性化学习提供了组织层面的需求；其次，在现实中，各个员工的学习偏好有所区别，个性化学习才可充分激发员工的学习热情。这一指标主要考察企业大学个性化学习策略与程度。

（5）主动学习。具体来说，这一指标注重员工在学习项目中选择了哪些活动设计、策略设计、人力资源激励机制，他们是否积极地投入到学习之中。

3. 组织知识

组织知识即在组织中构建一个量化和质化的知识系统，让其中的信息与知识通过获取、分享等一系列的过程，持续向知识系统回馈，使组织和个人不断进行知识累积。新形势下，企业对于知识的依赖程度日益提升，通过企业积累的知识来提高企业的实力是企业经营运作过程中面临的一个重大难题。企业大学在经营运作过程中需要高度重视知识管理，把它看作自己的一个主要功能，一方面应当积极传播知识，另一方面还需要积极主动地构建自己的知识系统。

（1）创新成果。知识创新成果包括知识库、技能库、案例库、教材库等资源，这一指标用来衡量企业大学与自身紧密关联的成果数量与质量。其一方面应当肩负起知识传播的重任，另一方面还应当不断地创造知识。值得注意的一个问题是，与我们平时所说的大学有所区别，企业大学传播与创造知识均服务于企业的战略目标。

（2）知识创新。知识创新是指知识创新活跃度。企业大学有必要组建技术技能创新小组，开办创新论坛/沙龙，开展技术技能课题研究，提供技术咨询、指导与服务等。

（3）知识管理。具体来说，是指通过集体的智慧来提升公司的反应和创新能力。建设知识沉淀、存储、分享、应用与创新的标准、模板、工具、管理办法，是公司为实现各种知识资源的充分共享而创设的一种新方式。这一指标主要涉及，如建立知识库、推动职工知识交流等方面。

（4）知识共享。这一项指标主要侧重于制定相关制度及创设有关氛围，使成员养成知识共享的习惯，如建立虚拟学习社区、提供在岗即时技术支持。以网络为基础而形成的知识，包括 database、电子文档等非常方便员工的搜索与获得，而且能够明显提高他们的效率。企业在经营运作过程中，需要积极主动地传播知识，形成相应的制度化方法。

4. 品牌影响力

就企业而言，企业大学发挥着非常重要的作用，它是一个战略工具，能够为企业驱动客户关系，提高企业的无形价值。企业大学通过认真分析以及积累，可以制定出某一行业标准，在此基础上，还可以进一步提高自身的影响力。到 20世纪 90 年代中期，通用电气将 6σ 从一种全面质量管理方法改进为非常高效的组织运营流程设计、优化提升的技术，为设计、生产和服务等流程提供新产品开发工具。6σ 与 GE 的全球化、服务化、电子商务等战略成为全世界追求管理卓越性的企业最为重要的战略举措。所以，通过培训自己的外部合作者，企业大学能够进一步提高企业对它们的吸引力，使其品牌在短时间之内得到传播。

（1）品牌开发。这方面注重其项目是否拥有品牌及其影响力大小。该指标用其项目品牌是否成为行业标准的一部分来加以衡量。

（2）学习黏性。学习黏性指学习项目对公司外部学员的吸引力，加强和学员的互动，提高学员的参与感。企业大学对受训对象在一段时间内仍有吸引性和导向性。

（3）社会影响力。社会影响力指标主要考察企业大学在行业和社会上的影响力大小，以及其能否有效地传播公司的价值。

四、目标性指标

1. 绩效与变革

人力资源开发过程中，学习与绩效属于其核心内容，前者是过程，后者是目标结果。企业大学经营运作的主要目的是提升公司的绩效。变革是一个创造、传播知识，实施变革，并把知识制度化为组织日常工作的过程，旨在提高组织绩效。

（1）绩效支持。企业大学不直接作用于绩效，而是对企业提供绩效支持，体现为企业绩效关键指标的改善和提高。企业绩效主要反映在产量增加、效率改善、质量改善、利润提高等方面。

（2）组织变革。组织变革顾名思义是指系统地、有针对性地革新组织的权力结构、角色设定、组织成员的观念等，以适应组织各方面的变化，提升其效能。学习带来的组织变革分制度变革与流程再造。前者是指因学习而形成的机制变革；后者是指由学习引起的工作程序的再造。

（3）文化传承。此处的文化是指由某个组织的价值观、信念等构成的自身独特的文化。它具有非常重要的作用，能够进一步提升企业的凝聚力，促使员工形成相同的愿景与价值观。企业大学的内部讲师都是企业文化和价值观的拥护者，将大大促进企业文化的传承。

2. 社会责任

作为中国终身教育体系的内容之一，企业大学在企业乃至整个社会中起着非常重要的作用，其工作职责是培训企业内外部人才，并肩负着传播知识的重任，如《上海市终身教育促进条例》把企业教育归入到终身教育体系中。近年来，终身教育成为我国的全民理念，国家提出了建设学习型社会的口号，在这种形势下，作为企业教育的先锋，企业大学必须充分发挥自身的作用，积极主动地投入到国家的教育事业中，做出更大的贡献。

（1）社会教育。就实质而言，企业大学需要为公司外部相关人员提供培训服务，如可以培训合作企业的员工等。这一项指标用相应的培训量来衡量。

（2）资源共享。企业大学均有着或多或少的课程资源、师资资源、知识体系。正如上文所述，它是终身教育的内容之一，而资源的共享程度同样是评定其社会教育贡献大小的一个指标。

（3）教育资助。具体来说，是指公司为教育机构提供的资助。如现实中，许多教育方面的项目是由企业大学实施的。

第四节　模糊综合评价模型的建立

该模型包含影响因素的构建、评价集的构建、确定评价指标权重、综合评价矩阵的建立、模糊综合评价模型的建立五部分。影响因素的构建如表 6-2 所示，在此不再赘述。

一、建立评价集

评价集可以很好地刻画各因素集的评价状态，用 V 表示：$V = \{v_1, v_2, v_3, \cdots, v_m\}$，其中 v_j 表示第 j 个评判结果，m 表示总的评价结果数。

设评判集 $V = \{v_1, v_2, v_3, v_4\}$，评判集 V 是各因素对企业大学的影响程度评判，其中 v_1 表示好，v_2 表示较好，v_3 表示一般，v_4 表示差。

现规定一个打分规则，如表 6-4 所示。

表 6-4　评价集打分标准划分

评价集	优	良	中	合格	差
打分值	90 分（含）以上	80（含）~90 分	70（含）~80 分	60（含）~70 分	60 分以下

二、确定评价指标权重

对于影响企业大学的多种因素来说，它们对公司的影响程度存在着一定的差异，因此必须区别对待它们，赋予它们相应的权重，从而体现出它们重要程度的区别。

设 W = ｛W1，W2，…，Wm｝为影响因素的权数分配在我国企业大学发展质量评价上的权重集合。Wi 指第 i 个因素 Ui 的权重，且符合 m∈Z*。

企业大学评价指标是对 U1、U2、U3、U4 综合权衡之后做出的决定。笔者邀请相关专家，并向各位专家发放企业大学发展质量评价指标权重问卷调查表（如附件 2 所示），各位专家按照相应的标准分析各级指标的重要程度，商榷一致后得到企业大学评价的各判断矩阵。本书是应用层次分析法进行权重分配，接下来我们主要从建立权重集合等三方面进行说明。

1. 构造判断矩阵

判断矩阵赋值表由企业高管（2 名）、企业大学教师（1 名）、企业大学管理人员（2 名）5 位专家组成编写，采用表 6-1 所示判断矩阵打分标准及含义介绍的 1-9 比例标度法赋值，一级、二级指标的各个判断矩阵赋值表如表 6-5 至表 6-9 所示，三级指标依次类推。

表 6-5　判断矩阵 Ui

Ui	基础性	静态性	动态性	目标性
基础性	1			
静态性		1		
动态性			1	
目标性				1

表 6-6　判断矩阵 U1i 赋值

U1i	战略性	经济性
战略性	1	
经济性		1

表 6-7　判断矩阵 U2i 赋值

U2i	组织学习	学习体系	学习技术	合作联盟
组织学习	1			
学习体系		1		
学习技术			1	
合作联盟				1

表 6-8　判断矩阵 U3i 赋值

U3i	领导力	人才发展	组织知识	品牌影响力
领导力	1			
人才发展		1		
组织知识			1	
品牌影响力				1

表 6-9　判断矩阵 U4i 赋值

U4i	绩效与变革	社会责任
绩效与变革	1	
社会责任		1

2. 计算判断矩阵及一致性检验

本书采用 MATLAB R2016 软件实现判断矩阵最大特征根的计算，指标权重为最大特征根对应的特征向量，根据矩阵一致性指标判断权重系数是否分配合理，如不合理由专家负责修整判断矩阵，当表中的一致性检验都小于 0.1 时，说明一致性检验通过，该判断矩阵能够反映客观事实。

3. 建立我国企业大学发展质量评价指标体系权重

根据上述计算得出的权重，计算二级指标 A 和三级指标 B 乘积，即企业大学评价指标体系最终权重，如表 6-10 所示。

表 6-10　企业大学质量评价指标体系最终权重

一级指标及权重 三级指标	基础性	静态性	动态性	目标性	最终权重
规划对接 U111					
业务协同 U112					
决策委员会 U113					
校长影响力 U114					
经费投入 U115					
财务管理模式 U121					
相对独立性 U122					
盈利性 U123					
学习设施 U211					
学习制度 U212					
学习环境 U213					
机构设置 U214					
学习规划 U215					
学习密度和深度 U216					
培养体系 U221					
课程体系 U222					
师资体系 U223					
评估体系 U224					
保障体系 U225					
E-LearningU231					
虚拟社区 U232					
社会化学习 U233					
学习方法 U234					
全球化 U241					
产业链合作 U242					
供应商合作 U243					
产教融合 U244					
领导力课程体系 U311					
领导力开发 U312					
继任计划 U313					

续表

一级指标及权重 三级指标	基础性	静态性	动态性	目标性	最终权重
胜任力 U321					
职业生涯规划 U322					
新员工培训 U323					
个性化学习 U324					
主动学习 U325					
创新成果 U331					
知识创新 U332					
知识管理 U333					
知识共享 U334					
品牌开发 U341					
学习黏性 U342					
社会影响力 U343					
绩效支持 U411					
组织变革 U412					
文化传承 U413					
社会教育 U421					
资源共享 U422					
教育资助 U423					

三、建立综合评价矩阵

采用专家调查的方式，由国内 10 所企业大学的 50 位专家按设定的评语集，对企业大学发展质量评价指标进行打分，并对打分表进行归一化整理。

四、建立模糊综合评判模型

企业大学发展质量三层模糊综合评价模型如表 6-11 所示。单因素评判只能从单一角度分析某个因素，这样就无法准确反映整体情况，所以还应当进行模糊综合评判。这里运用 MATLAB R2016 软件由公式加权平均计算评判矩阵（"·"为模糊合成算子），则有：

表6-11 企业大学发展质量三层模糊综合评价模型

一级指标	基础性		静态性				动态性				目标性	
二级指标	战略性	经济性	组织学习	运营体系	学习技术	合作联盟	领导力	人才发展	组织知识	品牌影响力	绩效与变革	社会责任
三级指标	规划对接、业务协同、决策委员会、校长影响力、经费投入	财务管理模式、相对独立性、盈利性	学习设施、学习制度、学习环境、机构设置、学习规划、学习密度和深度	培养体系、课程体系、师资体系、评估体系、保障体系	E-Learning、虚拟社区、社会化学习方法	全球化、产业合作、供应链合作、供应商合作、产教融合	领导力课程体系、领导力开发、继任计划	胜任力、职业生涯规划、新员工培训、个性化学习、主动学习	创新成果、知识创新、知识管理、知识共享	品牌开发、学习黏性、社会影响力	绩效支持、组织变革、文化传承	社会教育、资源共享、教育资助

$$R = \begin{pmatrix} r_{ij} & \cdots & r_{1n} \\ \downarrow & \searrow & \downarrow \\ r_{m1} & \cdots & r_{mn} \end{pmatrix}$$

对影响我国企业大学发展质量评价的因素这一对象的模糊综合评判 y 为 V 上的模糊子集，通过上述 y_1、y_2、y_3 三个隶属度矩阵和一级指标权重作 N 与 R 的合成运算，得出 U 的最终评语集 y，即 y = {y_1，y_2，y_3，$\cdots$，y_n} = N·R。矩阵方程式中 r_{ij} 表示集合 U 中第 i 个元素 U_i 隶属集合 V 中第 N 个元素 V_j 的程度，同时需要说明的是，方程式中 r_{ij} 的取值范围为 [0-1]。

五、方案层

我国企业大学发展质量评价的方案层中，三层模糊综合评价结果如表 6-12 所示。从表中可以看出，在我国 10 所大学中，不同企业大学在不同的方面表现各有特色：有的企业大学（I 大学）在经济性方面表现比较好；有的企业大学（A 大学）在组织学习方面表现比较好；有的企业大学（D 大学）在合作联盟方面表现比较好等。

表 6-12　我国企业大学发展质量三层模糊综合评价结果

一级	二级	三级	A大学	B大学	C大学	D大学	E大学	F大学	G大学	H大学	I大学	J大学
基础性	战略性	规划对接	良	优	中	中	中	合格	良	优	优	中
		业务协同	优	中	良	良	优	中	中	优	优	良
		决策委员会	良	优	中	优	良	合格	优	中	中	中
		校长影响力	合格	良	合格	优	中	中	中	良	优	优
		经费投入	中	良	合格	良	良	良	中	中	中	差
		学习远景	中	中	合格	良	优	优	良	良	良	良
	经济性	财务管理模式	良	优	中	优	中	良	中	优	优	中
		相对独立性	优	良	合格	优	中	合格	良	优	优	差
		盈利性	优	中	良	良	中	良	优	优	优	良

续表

一级	二级	三级	A大学	B大学	C大学	D大学	E大学	F大学	G大学	H大学	I大学	J大学
静态性	组织学习	学习设施	优	良	合格	优	中	中	中	合格	良	中
		学习制度	优	中	中	中	良	良	优	中	中	优
		学习环境	优	良	良	优	中		差	中	中	良
		机构设置	良	优	优	中	良	良	良	良	优	优
		学习规划	优	良	优	优	中	优	中	中	中	优
		学习密度和深度	优	中	中	差	中	优	优	中	中	差
	学习体系	课程体系	中	良	良	良	优	中	中	良	良	良
		师资体系	优	中	优	良	中	优	中	优	中	
		资源体系	良	优	优	差	优	中	良	优	优	差
		评估体系	中	优	优	中	中	中	优	优	良	
		运营体系	中	合格	良	良	优	中	中	合格	良	中
	学习技术	E-Learning	优	中	中	优	中	优	中	中	优	
		虚拟社区	差	中	中	良	优	中	差	中	中	良
		社会化学习	良	良	优	优	良	中	良	良	优	优
		学习方法	优	良	合格	优	中	合格	良	优	优	差
	合作联盟	全球化	优	中	良	优	中	中	中	优	中	良
		产业链合作	中	良	合格	优	中	中	中	合格	良	中
		供应商合作	优	中	中	良	良	优	中	中	优	
		产教融合	良	良	良	优	中	中	差	中	中	良
动态性	领导力	领导力课程体系	良	优	优	中	良	良	良	良	优	优
		领导力开发	中	良	良	优	中	优	中	中	优	优
		继任计划	优	中	中	差	中	优	优	中	中	差
	人才发展	胜任力	中	良	良	优	中	中	中	良	良	良
		职业生涯规划	优	中	优	中	良	优	中	优	中	
		新员工培训	良	优	优	差	中	良	优	优	差	
		个性化学习	中	优	优	良	中	中	优	优	良	
		主动学习	优	良	良	优	中	优	优	良	合格	
	组织知识	创新成果	良	优	中	差	中	中	良	优	中	良
		知识创新	优	中	良	良	良	优	中	良	合格	
		知识管理	优	中	合格	良	优	优	差	优	中	中
		知识共享	良	良	中	中	优	优	良	优	良	良

续表

一级	二级	三级	A大学	B大学	C大学	D大学	E大学	F大学	G大学	H大学	I大学	J大学
动态性	品牌影响力	品牌开发	优	中	中	中	合格	良	中	良	优	优
		学习黏性	中	良	良	优	中	中	优	中	良	良
		社会影响力	优	中	中	差	中	中	良	优	中	中
目标性	绩效与变革	绩效提升	中	良	良	良	良	合格	合格	中	良	良
		组织变革	中	良	中	中	良	中	合格	中	合格	
		文化传承	差	中	优	优	中	中	差	良	优	优
	社会责任	社会教育	良	中	中	中	中	中	良	中	良	合格
		资源共享	中	中	中	合格	良	中	良	合格	合格	差
		教育资助	良	良	合格	中	中	合格	中	良	良	合格

　　从总体和主要指标来看，我国企业大学在经济性、组织学习、学习体系、人才发展、组织知识等方面发展比较好，很少出现差或者合格的评价结果，但在战略性、学习技术、合作联盟、领导力、品牌影响、绩效与变革以及社会责任方面相对不足，出现了一部分差或者合格等级的评价结果，这也充分说明了目前我国企业大学建设水平的差异性和不平衡性，个别评价指标较弱，值得企业大学注意和加强，对标优秀企业大学加以改进，持续提高企业大学的整体发展水平。

第七章　应用研究：基于山东省企业大学的数据

　　山东省的海尔大学、海信学院是我国企业大学的第一批探索者，多年来一直是我国企业大学的标杆，积累了非常丰富的运营管理经验，为企业的战略实现及整体发展发挥了关键作用。在我国企业大学的成长阶段，山东企业大学中的新希望六和商学院、青啤管理学院在企业大学中的影响力越来越大。新希望六和商学院把培养人才作为企业发展的驱动力；建立了系统化、专业化、阶梯化的分层分级的管理体系，以"知行合一，释放学习者力量"的教学理念推进企业绩效改进和人才培养；与国内外著名高校、科研组织、培训机构进行资源整合，建立海内外培训基地；多渠道、多形式地设计和实施培训教育，并注重知识运用和集成，为企业和行业做出重大贡献。新希望六和商学院的战略规划、完整系统、知识管理、跨界整合等具有很大的借鉴和推广作用，成为中国企业大学的学习标杆。青啤管理学院实行三级培训模式，即公司级、中心级、基层业务单位级，使公司人才培养更趋系统化、职业化、专业化。

　　从 2007 年开始，我国企业大学的发展进入成熟期，持续到当前企业大学发展的互联期，与此发展热潮响应的山东省企业大学也迎来了高速发展的时期，多年来形成了一定的特色，其中发展较快的有山东鲁商学院、皇明商学院、招金管理学院、力诺大学、浪潮大学、韩都大学。山东鲁商学院是定位于服务山东经济的外向型企业大学，是由山东省商业集团等企业联合发起组建的以企业中高层管理人员培训为主的企业大学，重点培养企业经营管理人员的素质与能力。招金集团围绕顶层设计及运营流程，基于互联网化的人才培养体系搭建、梯队人才建设、领导力课程规划与课程开发、内训师团队打造与培养等多个方面的工作内容，致力于将招金管理学院打造成中国乃至世界黄金产业生态圈的国际化"黄埔军校"，着力培养具有国际化视野、专业化能力、互联网思维、创新性管理、投融资发展的复合型管理人才。

从 2018 年以来，山东省企业大学的数量持续增加，大企业加快建设步伐，中小企业的虚拟化企业大学也已悄然布局。万华化学集团正式成立万华大学，结合目前与国内高校共建的 6 个人才培养基地，充分发挥以 150 多名海内外博士、500 多位硕士为骨干的高层次人才团队作用，着力打造新的人才培养平台，增创后备人才优势，到 2025 年将建成万华智库中心，为企业创新发展提供不竭动力。位于威海南海新区的中铝大学为中铝公司实现既定的中长期战略目标提供持续的人才保障，在优秀管理人才和工匠精神培养等方面提供系统性解决方案，并在新思想、新技术、新工具的消化吸收方面发挥重要作用，成为企业人才培养的"加油站"和"推进器"，以及传承发扬文化、沉淀专业知识、传播中铝品牌的重要平台。泰山钢铁集团与莱芜职业技术学院、莱芜技师学院分别开展联合办学工作，成立泰山钢铁学院实现双元育人，共同设置课程体系，共同参与教学管理，把泰山钢铁集团的新工艺、新技术融入人才培养中。

山东省企业大学的发展具有较强的区域性特点，但不同企业大学的差异化比较明显，体现了企业大学的特色化、个性化。从全国企业大学发展的成功经验来看，企业大学唯有走自主特色发展之路，才能成为企业创新发展和企业文化建设的坚实基础。

第一节　山东省企业大学发展质量评价结果

本书选取海尔大学、海信学院、鲁商学院、青啤管理学院、皇明商学院五所企业大学作为评价对象，主要是考虑到我国企业大学的发展历程，从不同的发展时期选取山东省的典型代表，兼顾行业属性、企业性质，同时遵循数据可得性和案例典型性原则，有机会直接或间接获取企业大学的相关信息。本章在第六章我国企业大学发展质量评价指标构建的基础上，确定相关评价指标。

一、山东省企业大学发展质量模糊综合评价模型的建立

模糊综合评价模型适用于对多层次、多因素复杂问题的评价，山东省企业大学发展质量评价比较复杂，设计的层次较多，所以比较适合运用模糊综合评价模型。其详细构建流程如下：

1. 确定各级评价因素论域

按评价因素论域相关因素，建立评价指标集合 $x = \{x_1, x_2, \cdots, x_n\}$，$x_n$ 指第 n 个评价指标，这一步骤的主要目的是构建评级指标集合。

2. 确定评价等级

将评价等级命名为 V，$v = \{v_1, v_2, \cdots, v_n\}$，一般情况下，等级在 7 个之内，但也不宜过少，用文字表示为 $v = \{优、良、中、差\}$，并对对应的分值进行确定，可以表示为 $E = \{E_1, E_2, \cdots, E_n\}$，分别代表 1，2，$\cdots$，n 个评价等级的分值。

3. 确定评价指标的模糊权重向量

W 表示 X 论域中各元素对被评价对象的隶属程度，被评价对象的重要程度有所区别，因此我们能够使用模糊方法赋予各元素权重。用 W 表示为 X 上的一个模糊子集，即有 $W = \{W_1, W_2, \cdots, W_n\}$，n 表示评价指标的个数，且 $\sum_{i}^{n} W_n = 1$。

4. 建立模糊评价矩阵

判断矩阵建立如下：

$$R = \begin{bmatrix} R \mid u_1 \\ R \mid u_2 \\ \cdots \\ R \mid u_p \end{bmatrix} = \begin{bmatrix} r_{11} & r_{12} & \cdots & r_{1m} \\ r_{21} & r_{22} & \cdots & r_{2m} \\ \cdots & \cdots & \cdots & \cdots \\ r_{p1} & r_{p2} & \cdots & r_{pm} \end{bmatrix}$$

5. 合成模糊综合评价结果向量

利用合适的算子将 A 与各评价对象 B 进行合成，得到各被评对象的模糊综合评价结果向量：

$$A \circ R = (a_1, \ a_2, \ \cdots, \ a_p) \begin{bmatrix} r_{11} & r_{12} & \cdots & r_{1m} \\ r_{21} & r_{22} & \cdots & r_{2m} \\ \cdots & \cdots & \cdots & \cdots \\ r_{p1} & r_{p2} & \cdots & r_{pm} \end{bmatrix} = (b_1, \ b_2, \ \cdots, \ b_m) = B$$

二、三层模糊综合评价

1. 建立评价指标集、权重指标集并定义评语集

以第六章我国企业大学发展质量评价指标构建为基础，山东省企业大学发展质量评价同样涉及一级指标 4 个、二级指标 12 个、三级指标 48 个。原始数据是根据海尔大学、海信学院、鲁商学院、青啤管理学院、皇明商学院的调研数据换算得到。为将不同指标量纲和量级的差异消除，使不同指标数值具有可比性，将逆向指标正向化，此处我们采用极差标准化方法来处理原始数据。

针对 40 个正向指标，处理公式为：

$$X_{ij} = \frac{X_i - X_{imin}}{X_{imax} - X_{imin}} \tag{1}$$

对于 8 个逆向指标，处理公式为：

$$Y_{ij} = \frac{Y_{imax} - Y_i}{Y_{imax} - Y_{imin}} \tag{2}$$

式（2）中 Y_{ij} 表示标准化后的数值，取值范围在 0 和 1 之间，式（1）X_{ij} 中的 i 指标是指企业大学 j 的实际指标数值（i = 1，2，3，…，48；j = 1，2，3，…，5）；X_{imax} 中的 i 是指标的最大数值，X_{imin} 中的 i 是指标的最小数值。

2. 运用层次分析法确定指标权重

详细步骤如下：

（1）对两两比较的判断矩阵进行构建。本书中，我们引入了萨蒂的 1-9 标度法，对企业管理人员、企业大学管理人员和企业大学从事培训的专家展开面对

面的访谈，他们共同探讨之后，构建由目标层与准则层构成的判断矩阵。

A-S1-4 准则层与指标层构成的判断矩阵 S1—U1-8，S2—U9-27，S3—U28-42，S4—U43-48。

（2）层次单排序和判断矩阵的一致性检验。前者是计算本层次中各指标相对于其所属的上一层指标的权重。而一致性检验的目的是分析权重合理与否。接下来我们主要以判断矩阵 A-S1-4 为例来进行阐述，如表7-1所示。

表 7-1　A-S1-4 判断矩阵

A	S1	S2	S3	S4
S1	1	1/2	1/2	1
S2	2	1	1	2
S3	2	1	1	2
S4	1	1/2	1/2	1

第一步，求出判断矩阵每行元素的乘积 M_i。$M_1 = 1/4$，$M_2 = 4$，$M_3 = 4$，$M_4 = 1/4$。

第二步，求 M_i 的 n 次方根 $\overline{W_i}$，此处 $n = 5$，$\overline{W_1} = 0.7070$，$\overline{W_2} = \overline{W_3} = 1.4141$，$\overline{W_4} = 0.7070$。

第三步，将向量 $[\overline{W_1}, \overline{W_2}, \overline{W_3}, \overline{W_4}]^T$ 归一化，即得到指标权重 W_i。$W_1 = 0.3333$，$W_2 = 0.3333$，$W_3 = 0.1667$，$W_4 = 0.1667$。

第四步，计算判断矩阵的最大特征值 λ_{max}，通过构建矩阵，得到 $(AW)_1 \sim (AW)_4$ 的数值。

$$A \circ W = \begin{bmatrix} 1 & 1/2 & 1/2 & 1 \\ 2 & 1 & 1 & 2 \\ 2 & 1 & 1 & 2 \\ 1 & 1/2 & 1/2 & 1 \end{bmatrix} \cdot \begin{bmatrix} 0.3333 \\ 0.3333 \\ 0.1667 \\ 0.1667 \end{bmatrix}$$

$(AW)_1 = 1.3334$，$(AW)_2 = 1.3334$，$(AW)_3 = 0.6667$，$(AW)_4 = 0.6667$

$$\lambda_{max} = \sum_{i=1}^{n} \frac{(AW)_i}{nW_i} = 4.0000$$

S-U 单排序权重的确定：以企业大学基础性水平的指标为例，将向量（U_1，U_2，…，U）^{T} 进行归一化，即得到指标权重 U_i。$U_1 = 0.1461$，$U_2 = 0.1459$，$U_3 = 0.1461$，$U_4 = 0.0755$，$U_5 = 0.1459$，$U_6 = 0.0753$，$U_7 = 0.1461$，$U_8 = 0.0753$，$U_9 = 0.0442$。

企业大学发展质量水平 A-U 总排序权重 $= \dfrac{\text{指标标权 } U_{1-9}}{\text{指标标权 } W_1} = \dfrac{\text{指标标权 } U_{1-9}}{0.3333}$，得出权重分别为 0.0488，0.0487，0.0488，0.0522，0.0486，0.0521，0.0488，0.0250，0.0148。其他水平指标权重的取得与基础性水平一样，此处不再一一列举，权重结果见附件3。

第五步，检验判断矩阵的一致性。判断矩阵的最大特征值越接近于 n，越具有较为满意的一致性，当 λ_{max} 等于 n 时，则说明判断矩阵具有完全的一致性，由于以上计算的最大特征值为4，因此判断矩阵具有完全的一致性。

（3）层次总排序和判断矩阵的一致性检验。层次总排序是针对本层次指标所属的更高一层次的指标权重而言的，从山东省企业大学发展综合水平来看，共有三层指标，其中准则层（比如 S1 基础性）就是指标层（规划对接、业务协同、决策委员会、校长、经费投入）等指标的总排序。

对评价层次总排序结果一致性的检验与单排序类似，依照以下公式进行计算：

$$CI = \sum_{i=1}^{n} a_i CI_i \qquad (3)$$

$$RI = \sum_{i=1}^{n} a_i RI_i \qquad (4)$$

$$CR = \frac{CI}{CR} \qquad (5)$$

式（3）和式（4）中的 a_i 为对山东省企业大学发展质量评价中准则层的5个指标的权重。CI 和 RI 为准则层与指标层构成的5个一致性指标和平均随机一致性指标，对层次总排序的随机一致性比例 CR = 0.0011，即 CR<0.1，也就是说通过了一致性检验。

3. 山东省5所企业大学发展质量评价得分的计算

山东省5所企业大学发展质量评价得分的计算主要运用线性加权求和法，根据 48 个指标的标准化数据和按层次总排序确定的权重，计算各企业大学准则层 5 个项目的得分和目标层的得分，公式为：

$$F_j = \sum_{i=k}^{P} W_{i\text{总}} Y_{ij} \tag{6}$$

其中，F_j 指的是 j 企业大学准则层 5 个指标中的一个得分或目标层综合水平的得分值，W_i 指指标 i 在总排序中的权重，Y_{ij} 指 j 企业大学发展的 i 指标标准化数据。

三、评价结果分析

通过应用层次分析法对山东省 5 所企业大学的评价，测得山东省 2017 年 5 所企业大学发展质量评价得分与准则层 5 方面水平得分，结果如表 7-2 所示。从得分情况来看，就基础性指标而言，海尔大学和海信学院的分值要远远高于鲁商学院、青啤管理学院和皇明商学院，尤其是青啤管理学院和皇明商学院该项得分过低，说明青啤管理学院和皇明商学院与企业战略和企业业务结合的程度比较低，目前还比较多地注重培训，还没有从传统的对员工培训的方式中走出来，与真正意义上的企业大学还有一定的距离。

表 7-2　山东省 2017 年 5 所企业大学发展质量评价得分及排序

企业大学名称	基础性 S1		静态性 S2		动态性 S3		目标性 S4		综合水平	
	得分	排序	得分	排序	得分	排序	得分	排序	得分	排序
海尔大学	0.3872	1	0.3372	1	0.2459	2	0.1087	2	0.9703	1
海信学院	0.3256	2	0.3125	2	0.2268	3	0.1012	3	0.8649	2
鲁商学院	0.1914	3	0.2093	4	0.1836	4	0.0922	4	0.5843	5
青啤管理学院	0.0966	4	0.2096	5	0.2799	1	0.0833	5	0.5861	4
皇明商学院	0.0871	5	0.3087	3	0.1742	5	0.2087	1	0.6862	3

从静态性指标因素得分来看，无论是海尔大学、海信学院、鲁商学院，还是青啤管理学院或皇明商学院，其得分都比较高，这说明山东省企业大学都比较注重静态性指标的建设，即都对组织学习、学习体系、学习技术等比较重视，都将其作为了企业大学建设的重点。

从动态性指标因素得分来看，海尔大学、青啤管理学院和海信学院的分值比较高，而鲁商学院、皇明商学院的分值比较低。说明青啤管理学院和海信学院在领导力、人才发展、组织知识以及品牌影响力等方面做得比较到位，而相比之下，鲁商学院、皇明商学院相对不足。

从目标性指标因素来看，该指标相比其他指标因素得分比较低，这主要是因为目标性指标因素在整个指标体系中所占的权重比较小。从企业大学之间的对比来看，皇明商学院和海尔大学的分值比较高，鲁商学院、青啤管理学院和海信学院分值比较低，说明皇明商学院和海尔大学在推动企业变革与发展、绩效支持、文化传承及社会责任承担方面发挥的价值较大。

总体上来说，5 所企业大学中，海尔大学和海信学院的综合得分较高，这说明综合来说，海尔大学和海信学院的各方面建设得比较完善，但是也应该看到分项指标也存在不足的地方，比如在企业大学的绩效变革方面，海信学院还有许多需要完善的地方；鲁商学院、青啤管理学院和皇明商学院综合得分略低，说明三家企业大学的整体性建设还需要加强，还有许多需要向国内外知名企业大学学习的地方，应该针对自身存在的不足，尤其是比较薄弱的环节，进行针对性的改进，这样总体水平才能不断提高，自身才能获得较快、较大的发展。

第二节　山东省企业大学发展质量分析

一、战略绩效

企业大学的运营越来越注重实战、实用、实效，把学以致用落到实处，这意味着企业大学协同企业战略，服务于业务发展，直接或间接作用于绩效产出，培训的定位不仅是培训的工具和方法论，更要着眼于企业绩效的改善。

1. 企业大学与企业战略的协同

企业大学一定要为企业创造价值，要落地企业大学的商业价值。企业大学是创新孵化者、知识平台构建者、智能方案提供者、全球资源整合者、企业对外赋能者。企业大学要帮助企业良性发展下去，企业与企业大学是利益共同体，共创价值。从根本上来说，企业大学的出现在很大程度上是为了支撑企业的战略发展与变革，这一点也是企业大学区别于传统培训部门的重要标志，而企业大学的战略支撑作用也在很大程度上弥补了传统培训在促进企业需求方面的不足。山东省企业大学中，海尔大学对自身的定位为人才培养和创客加速的培训基地、国际化人才的培养基地、员工观念创新的发源地以及公司战略的推广基地。通过企业大学的支撑，海尔集团的战略定位不但精准，而且实现了长期战略与短期战略的有效融合。一定程度上而言，海尔大学的战略支撑作用在很大程度上满足了业务高度多元化对多元化中高层管理人才的迫切需求，海尔集团近年来在国内的快速发展、在国外市场的有效拓展，都与海尔大学有着必然的联系。海尔大学是海尔人的学习平台和创客加速平台，承接海尔集团"企业平台化、员工创客化、用户个性化"的战略发展，搭建开放的并联交互平台，加速创客孵化、助力小微引爆，并通过交互推广海尔的"创业、创新"文化及"人单合一"双赢模式，助力每位员工成为自己的CEO，持续为用户创造价值。

企业战略的落地需要企业大学聚焦战略目标并分解人才培养目标，每一步的行动方案都对企业总体战略有强力支撑。以皇明商学院为例，通过评价可以看出，在基础性指标中，规划对接的权重就比较低，而相比之下，组织学习、学习体系、学习技术等方面的权重比较高，这说明皇明商学院的发展实际上仍然以培训业务为主，重视员工业务素质的提升，与其他企业大学相比企业战略考虑比较少，战略支撑的优势不明显。虽然企业大学能够在一定程度上提高企业员工的能力和素质，但如果企业大学战略支撑不足，企业的整体发展将会受到严重的影响。

由企业战略定位开始，推导出企业大学在培训内容和服务对象上的不同定位。在企业大学的定位中，将培训内容简化为最核心的领导力（管理）和业务两类。因为不论处于何种定位，企业大学都必然向其服务对象提供至少是两者之一的培训内容。但必须明确一点，既然企业战略并非一成不变，那么为企业战略服务的企业大学的定位也将随之而变化。在明确了企业大学的定位后，在很大程度上仍然很难看出将要建立的企业大学的全貌。这一点对山东省企业大学，尤其是一部分对企业战略支撑不足的企业大学具有很好的借鉴作用。

2. 企业大学提供绩效支持

绩效支持理论是 Allison Rossett（2006）提出的，他认为，在企业员工或团体进行学习的过程中，需要必要的支撑，比如经验、信息、知识、工具以及流程步骤等方面的支撑，在这些因素的支撑下，员工的学习目标能够更好地实现，绩效能够不断地提升。近年来，以业务为导向、注重实效、支持绩效改进成为越来越多企业大学的共识。从万达学院直截了当的校训——"有用"到用友大学提出的"上接战略，下接绩效"，从注重教学与学习设计、运用多种教学方法来改造传统的培训项目到正在蓬勃兴起的"人力绩效改进"（Human Performance Improvement，HPI），均是这一趋势的反映。绩效支持的特点为：第一，帮助员工完成特定工作，解决具体问题。往往是员工需要时，提供有关支持，如工具、步骤、经验等，对他们来说，不必记忆，也无须过于复杂的技能，仅需满足基本条件，按指导操作即可。第二，一般发生在工作现场。其往往发生在挑战或问题出现时，因此员工无法离开工作现场，且来不及接受系统化的训练。然而，通过绩效支持系统，能够使他们不断提高自己、积累更多的经验，从而实现既定的训练目标。从绩效支持指标的数值来看，海信学院、海尔大学、皇明商学院的绩效支持力度较大。山东省企业大学聚焦绩效改进的机会点，分析组织业务、绩效差距，选择绩效改进的方案。有效地支持企业或业务部门提升绩效是企业大学的使命与根本。企业大学并非关注于员工个体能力的提升，而更多的是从业务绩效问题出发。鲁商学院和青啤管理学院的绩效与变革指标的权重就相对不高，尤其是绩效支持指标的权重得分较低，说明这些企业大学的绩效支持还比较欠缺，企业大学的运行如何更加聚焦于战略性绩效是一个需要持续探讨的问题。

绩效支持的优势非常明显，其除了比记忆更可靠、开发更迅速、能够明显降低培训时间、无须很多经验等之外，还非常重视实际操作和产出结果。马克·罗森博格（2000）明确指出："最好的培训是没有培训"，不应一味地注重培训，必须要超越培训。对他来说，培训是学习的方式，而绩效则是学习的目的，尽管学习能够提高绩效，然而现实中一系列的因素都能够对绩效产生影响。影响绩效的因素有工作本身、工作环境、工作者。研究结果表明，员工技能不足并非其中最大的因素，而是工作环境不佳或工作的设计存在不足。所以，如果要提升绩效，必须先考虑改变工作本身，然后是改善工作环境，再就是考虑改变人。就他而言，改变人往往不容易实现，培训的设计与实施一方面需要相对较多的费用，另一方面还存在不小的困难。所以，在采用培训这一措施时必须保持谨慎。对于培训来说，倘若忽略了学习转化，无论设计怎样优秀，仍然起不到应有的效果。所以，必须充分兼顾到学习的转化和绩效的提升，由此应考虑绩效支持。例如，6Ds 公司提出了"6D 法则"，对绩效支持的理念进行有效整合，以绩效为导向来再造培训，推动学习转化和绩效改进。

二、运营质量

山东省企业大学的运营体系比较完善，无论是培养体系、师资体系还是课程体系，都经过了多年的实践与探索，日趋成熟。其在学习项目的评估上更加侧重于实际问题解决与长期绩效支持，更加关注学员上级主管的满意率而不是学员的满意率。企业大学的投入都呈递增趋势，提供的保障服务体系也日趋完善。如果说企业大学的定位是由企业的战略定位所决定的话，那么企业大学的基因则更多地与企业的内部资源、企业文化以及领导者的推动等因素密切相关。其中，内圈是企业大学的重点基因项，分为三个层面，包括企业投入层面、内部运营层面以及价值效用层面，而外圈则是优秀本土企业大学（其定位为面向内部员工提供领导力及业务培训）在每一项上所表现出来的个性化的基因。所以说，在筹建企业大学的时候，考虑经费投入、高层支持、企业文化、体系建设等投入与运营基因等因素，可以帮助企业对企业大学有一个整体的概念；而组织能力提升、文化相关性、变革相关性等产出因素，则应作为山东省企业大学的一个目标，即作为未来检验企业大学运营成效的标准。

企业开展人才发展工作的目的是打造关键人才梯队，建设为企业源源不断提供优秀人才的供应链。组织发展中最重要的一件事情就是能力的界定，即我们要招什么样的关键人才，然后把人才招进来。人才发展应该包括组织发展、职业发展、培训发展，如图 7-1 所示。组织发展管理的通道是最宽的，是通过公司的整体发展、战略目标要求对人才梯队提出要求。接下来是纵向的职业发展，即人才梯队如何打造，职业晋升的通道是什么，这个通道里面的关键人是谁，如何培养他。最后一个模块——培训发展才真正落实到每一个单独的人，即我们如何帮助他成长。宏观的组织发展，纵向的职业、岗位序列，以及个人的学习发展，这三个层面构成人才发展。韩都大学帮助企业搭建的人才培养体系主要包括如何培养人才、留住人才。具体来说，其帮助企业搭建了自己的管理层梯队建设和培训体系，扩充内训师培养队伍，让有经验的员工站出来帮助新入职的员工打造更好学习的路径和方式。韩都大学的做法是做自上而下的牵引和影响：首先，培养部门核心管理层的意识和习惯；其次，通过技术赋能的方式，将引导和启发、教练技术等方法教授给管理者，让他们在日常工作中将创新、先人后己、应对变化等意识和习惯一层一层复制下去，直至成为韩都人的隐形标签。

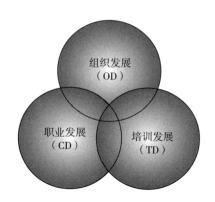

图 7-1　组织发展（OD）、职业发展（CD）、培训发展（TD）的关系

海信学院作为人才培养的基地，主动承担起战略推动者和创新推动者的任务。海信学院人才培养分为三个层级：领导者胜任力、关键岗位胜任力、全员胜任力。为了提高学员的职业胜任力，帮助企业研究解决实际问题，海信学院要求所有来上课的学员都带着三个问题：一是公司急需解决的问题，二是学员所在部门急需解决的问题，三是学员个人急需解决的问题。学员上课前，会把所有问题公布在白板上供他们自由选择，相同问题的学员组成 3 ~ 5 人小组，在学习过程中通过集体研讨，形成解决方案，最终以工作研究报告的形式呈现。这在海信被叫作"跨界研究"。海信学院建立的初衷是提高员工及经销商的能力和忠诚度，因此海信学院在实际的工作中，以最大程度提高员工能力、服务经销商为目标构建课程体系，同时开展领导力及业务培训，这与海信集团的企业战略是一致的，而通过企业大学，海信集团实现了最初的战略目标，即员工及经销商的能力获得了显著提升，员工及经销商对企业的忠诚度也获得了较大的提高。海信还专门成立了"创新俱乐部"，鼓励创新人才在这里交流、碰撞。很多有优势的智能产品正是在创新俱乐部产生的。随着创新培训的深入，海信的智能化之路初见成效。海信与麻省理工学院媒体实验室结盟，举办了行业首场"智能电视应用大赛"。海信学院对企业创新战略的支撑推动企业的跨越式发展。

三、组织能力

组织的转型变革就是根据互联网快速反应、快速决策的特点，激励员工的思维模式发生敏捷反应。企业大学要通过学习来提高组织转型、变革的能力，就必须不断自我更新、自我创造，并和外界环境相互推动、引导。一定程度上而言，组织能力是保证企业大学实现目标的重要途径，只有组织能力够强，其各项学习才能得到满足。不仅如此，组织能力还直接影响企业大学的市场竞争能力，决定企业大学在市场竞争中的地位。

组织能力是企业大学建设的重要组成部分，很多企业大学都在组织能力建设方面投入了巨大的人力、物力，但是从实际的评价结果来看，山东省一部分企业大学的组织能力并不高，如皇明商学院和青啤管理学院的组织能力就相对比较欠缺。从因素上来看，组织能力不足主要是由于静态性指标因素，如学习规划不科学、机构设置不合理、学习制度不完善等造成的，除此之外，动态性指标中的知识共享不足也是造成组织能力不强的重要因素。从山东省企业大学的发展质量评价来看，个别企业的组织能力比较强，如海尔大学和海信学院，这些企业大学在组织学习方面表现出强大的能力，并通过出色的组织能力，使企业员工的能力获得了明显的提升。海尔集团的服务质量享誉全国，这与海尔员工的素质是无法分开的，同时在山东省乃至全国的企业大学中，海尔的综合排名都是非常出色的，而从根本上来说，这与海尔大学出色的组织能力是分不开的。

相比海尔大学，皇明商学院和青啤管理学院的静态性指标因素中，学习规划、机构设置、学习制度等指标的权重较低，这说明在组织能力方面，皇明商学院和青啤管理学院的学习规划组织能力不够，没有从员工需求、企业实际出发进行充分分析和制订学习规划；机构设置不合理，在企业大学实际的教学过程中，各个机构不能各司其职，会直接降低企业大学的教学效果；学习制度不完善，在企业大学实际的教学过程中，学院由于制度的缺失，不能够改变传统的学习模式，员工缺乏面向未来绩效而学习的动力。

从动态性指标因素来看，无论是海尔大学还是皇明商学院或青啤管理学院，对创新成果、知识创新、知识管理的组织能力都比较强，但对于知识共享指标因素，海尔大学与皇明商学院和青啤管理学院的组织能力相比有一定差距。可以看出，随着我国网络化、信息化技术的不断发展，知识共享的程度进一步加深，企业大学在实际中是否能够实现知识共享，直接决定了其发展水平和质量，甚至直接决定了其行业地位和市场竞争能力。

山东省的企业大学可以在企业转型期快速提升组织的学习能力，形成企业核心竞争力。作为一个完全基于互联网成长起来的企业，韩都衣舍从运营到组织结构都深深打上了互联网的烙印。"三人小组"制度是其主要的运营和组织结构模式，即从研发、生产/采购、销售三部门中各抽出一人，组成一个小组，这三人小组组成最微型的公司，也是公司最小的细胞。在这个微型公司中，赋予这三个人最大的权利，让员工去做尽可能多的事情，充分调动组员的主观能动性。这是三人小组制的基本组织形式。无论是韩都衣舍还是海尔集团，在组织变革中，都在突出"人"的价值。

四、学习模式

1. 多元化学习模式

企业大学是组织发动机，其采取多元化学习模式，帮助企业实现自我超越，改善心智模式，建立共同愿景以及团队学习和系统思考的目标，最终完成学习型组织的建设。在企业大学中，基本上是以培训课程的形式开展学习，这就要求必须在充分兼顾培训课程的需要的前提下确定有效的方式。基于此，主要以学习者特征与课程目标作为选择的标准。当然，其他维度也是选择学习方式的重要因素，应当作为确定培训课程学习方式的重要参考。一门培训课程的目标或功能，包括三个层次：知识与信息的传递、能力与素质的提高以及解决问题的技能与行动。由此能够将企业组织学习进一步细分为以下三个层面：战略、战术和操作。根据公司构建的管理体制，上述三者通常与公司高、中、基层相对应。结合企业大学的实际，可以按照上述的分类方式为企业不同层级的员工设计学习活动组合：对于基层员工，由于其岗位的职责侧重于操作层面，因此对其培训的侧重点基本集中在知识和信息的传递与解决操作问题的技能上。对于中层管理者，除了基础的管理知识面授课程之外，可以更多地采用将管理知识与管理实践有效地结合起来的学习方式。5G 时代的到来一方面为科技在学习中的运用带来了空前的机会，但另一方面也使大量的传统企业大学面临危机，所以山东省的企业大学也面临转型问题。

从山东省企业大学的学习模式来看，主要有两类：一类是 E-Learning。该方式最为普遍。E-Learning 的快速发展也为此类方式积累了许多资源。实际上，这类方式均为学习者对信息的摄入，故适用于各种制度、文化和信息传递为主的课程。另一类是面授，即人与人交互为主的学习方式。近年来，此类方式获得快速发展。它摆脱了传统的面授或讲座模式的束缚，以人与人之间的交互反应和相互推动，通过知识交流和指导实践推动学习团队一起向前发展。从广义的角度进行分析，其主要包括教练式辅导、会议研讨等，但上述几类学习的共同特点是时间比较集中、交互过程较短，且已广为人知并得到推广，在此不再赘述。对于人才的培养，海信学院并不局限于讲课培训等方式，教练技术、行动学习、导师带徒等多种人才培养方式都被很好地使用。如今，海信学院每年培训人数在 5000 人次以上。

在线教育走向成熟的标志是 SCORM 标准的统一，使在 PC 互联网上可以设计丰富多样的传递方式。SCORM 标准使学员在线的一系列操作，包括文字、图片、Flash、视频、答题等，可以实现互动应用操作，其优势非常明显，为学习者提供了人机互动的功能。山东省企业大学大多建立了 E-Learning 系统，尤其是海尔大学在 E-Learning 的应用方面更是处于领先地位。2017 年教育部在线教育研究中心及中国成人教育协会人力资源专业委员会、中国 E-Learning 促进中心、中国企业 MOOC 联盟评选出中国 E-Learning 行业中在 E-Learning 实践和应用方面有着突出贡献和最佳实务的企业，以及在新技术、新模式应用和课程建设中进行卓有成效的探索和创新的企业，海尔大学荣获中国 E-Learning 行业卓越实施奖。山东省企业大学需要继续提升企业 E-Learning 应用水平和成熟度，鼓励新技术、新学习模式的转化、应用和创新。

2. 案例教学和行动学习的价值

从普遍性经验来看，企业大学推行案例教学和行动学习等方式的实践教学，首先需要争取公司高层亲自参与其中，并力促公司高层领导和管理者在日常工作中实践之、推动之，从而使之蔚然成风，其结果不仅能保证组织学习与人才发展成效，还能促进企业领导的改善和企业文化的升级——这也正是企业大学的一个重要任务。探索式学习与利用式学习是组织学习（组织能力）的两种主要方式。优秀企业在战略决策与组织管理方面开始从二选一的思考逻辑转变为二元悖论式的思考逻辑，越来越需要具备一种双元能力，使组织既拥有协同能力和效率以满足当下的业绩要求，又能具备创新与动态适应能力以应对未来环境的剧烈变化。

从山东省企业大学学习体系的角度来看，非正式学习的比重上升较快。首先，这种学习的方式灵活多样，但是学习的目的性很具体，学习需求基本上与个人发展或完成工作情况挂钩。其次，从根本上来说，非正式学习与工作联系密切，往往嵌入业务流程，就发生在工作现场，对工作的影响最小，需要时立即可用。再次是知识管理，这是公司从工作中积累的许多规范、经验等，有较强的针对性。值得注意的一个问题是，它一般存储于单独的系统中，员工必须将自己手头的工作放下才能够去查找。最后是在线学习，尽管大部分是与工作没有直接关系的课程，却能够非常迅速地进行检索和学习。随需而变的混合式学习成为企业大学学习的主流模式，企业大学可以变得更加轻快化、碎片化、网络化、移动化，其功能将不受时间和地点的限制，企业学习变得无时不有、无处不在。企业大学学员的学习模式主要有教练式辅导、伙伴、导师制度，广义上讲，还包括行动学习以及传统的拓展训练、会议研讨、交流参观和沙盘模拟等。

对山东省 5 所企业大学数据与全国 10 所企业大学的数据分别对比，海尔大学的综合得分名列前茅，总体来看，山东省企业大学的发展质量居于国内中上游水平。

第八章　企业大学发展的对策与建议

第一节　把握发展机遇

一、国家政策的保障扶持

企业大学是我国企业人才培养的主要教育模式，是继续教育的创新发展。企业大学不同于社会大学，其企业的本质属性和为企业服务的个性化特色明显。优秀的企业大学实现了将企业战略发展、技术产品创新、企业转型发展同人才培养紧密联系在一起，这是企业培训中心所无法实现的。国家在制定人才培养和职业教育发展制度、政策时，将企业大学作为人才培养和职业教育培训的一种类型列入范围中，让企业大学享受国家相关政策的支持，并在相关法律中确立其地位，规范企业大学发展。

1. 我国人才发展政策的全面部署

国家加强对企业大学发展的能力建设，在资源、信息技术和人才方面给予政策扶持，建立职业化的企业大学师资队伍，为人才强企、人才强国战略提供保障。《国家中长期人才发展规划纲要（2010—2020）》对我国的职业教育、继续教育、终身教育和全民教育体系进行了新的全面部署，鼓励企业加大对职业教育的投入，整合各方资源联合办学，创新校企合作模式，加大企业经营管理人才素质提升，提高我国企业现代化经营管理水平和国际竞争力。企业大学面临良好的发展环境，前景广阔。教育部办公厅等多个部门印发了《职业院校全面开展职业培训促进就业创业行动计划》，提出到 2022 年，职业院校面向社会广泛开展职业培训；基本建立政府引导、行业参与、校企合作的多方协同教育模式；企业要成为开展职业培训的重要阵地，共建高水平实训基地、创业孵化器和企业大学；鼓励职业院校联合行业组织、大型企业组建职工培训集团，发挥各方资源优势，共同开展补贴性培训、中小微企业职工培训和市场化社会培训。从国家"十四五"规划来看，提出了深化人才发展的体制和机制的改革，与经济社会发展五年规划相适应，以人才发展规划引领未来五年人才队伍建设，也成为具有中国特色的人才发展治理方式和人才强国战略的关键手段，强调要进一步激发人才活力。从国家关键领域人才需求预测的研究看，关键产业领域的人才缺口非常大，《人工智能领域人才需求预测报告》数据显示，2022 年人工智能领域新增的人才需求将达到 67.89 万人，但是人才缺口预计接近 48 万人。国家倡导加强创新型、应用型、技能型人才培养，意味着现在和未来需要不断加强"短板"，进一步完善人才发展的体制与机制。

2. 校企双主体育人模式

党的十九大报告中指出："完善职业教育和培训体系，深化产教融合、校企合作。""产教深度融合，校企双主体"育人模式将各自的部分资源共享共建共赢，这是从产业和企业发展的视角来实施，帮助企业解决"痛点"和满足企业需求。德国校企合作模式主要是"双元制"，这是德国职业教育享誉世界的制度设计，也是我国研究与学习的范本。其成功的秘诀就在于教育企业和职业建设性的合作，有效解决了职业学校和教育企业彼此疏离的矛盾。英国的"三明治"校企联盟模式又被称为"工学交替制度"，学校通过市场分析设置专业，分析用人岗位的能力匹配要求，然后对人才发展做整体设计。

我国企业大学为满足产业转型过程中对技术技能型人才的大量需求，探索出"校企双主体"育人思路。三一学院的"校企双主体"育人模式，对于企业和职业院校开展产教融合，培养新时代产业升级转型所需的技术技能人才，让企业、院校、学生三方受益起到了良好的示范作用。华住商学院确立了具有本土化特色的"现代学徒制"酒店管理人才培养模式，培养面向经济连锁型酒店的中高层次管理储备人才，与240多家高校合作培养专业人才，充足的人才储备推动了华住的扩张步伐，2017年开了500多家酒店，2018年开了700多家酒店，2019年新增1000多家酒店。2021年8月26日，上海市教育委员会等七部门联合印发《关于推进新时代职工继续教育创新发展的意见》（以下简称《意见》）。《意见》提出，"十四五"时期是上海在新的起点上全面深化"五个中心"建设、加快建设具有世界影响力的社会主义现代化国际大都市的关键五年，也是上海开启教育现代化新征程，建设与时代发展相适应、与城市战略相匹配的一流教育的第一个五年。为深入贯彻《上海教育现代化2035》部署，全面落实《关于推进新时期上海产业工人队伍建设改革的实施意见》（以下简称《意见》），切实畅通员工提升学历和技术技能的成长通道，满足每一位员工追求美好生活的多元需求，提升城市创新活力和发展品质，提出若干意见。《意见》的总体目标是：到2025年，基本形成以职工能力和学历"双提升"为导向，以学校教育和工作场所学习有机结合的"双空间"为载体，以现代信息技术与教育深度融合的线上线下"双途径"为支撑，以高校教师和行业企业导师组成"双师资"为特色，以技能评价证书和学历文凭"双证书"为学习成果的上海特色"双元制"职工继续教育模式。

圣象大学产教融合的模式值得我国企业大学借鉴和尝试，走社会、高校、企业的政产学研共创之路，深化农林教育教学综合改革，启动圣象大国工匠人才培养项目，强化实践教学环节，提高学生综合实践能力，培养社会急需的创新型、应用型林业产业高级人才。开创"三明治"式校企定制化人才培养模式，与北华大学合作选拔优秀硕士生成为"校企共同培养"项目一员，采取"1+1+1"培养模式，科研攻关与学术研究相结合，企业实战与高校培养相结合；开展"职业规划"项目，将职业引导与就业引导双向结合，聚焦学生结构性就业矛盾，以学生发展需求为核心，以企业人才需求为导向，进一步加强大学生职业生涯规划指导，帮助学生提升综合素质和就业竞争力，引导更多的优秀毕业生到重要行业、重要企业就业。开展涉林高校青年骨干教师培养项目，组织青年教师到生产企业实践。通过校企项目合作攻关技术难题的途径，让教师全面了解和掌握本专业当前的发展状况和企业生产实际，进一步完善教师的知识和实践能力体系，强化林业高校教师理论与实践相结合的教学能力。圣象集团携手国内各大知名林业高校共建中国木业产学研科创平台，充分利用高校的科研力量和科研资源，充分发挥圣象的行业优势和科研成果转化优势，双方共同促进木业产业基础研究，促进高校科研成果的有效转化。

产教融合的本质是跨界融合，企业和高校将各自的一部分资源拿出来合作共用，以达到资源互补、发展共赢的目的。企业作为主体，与院校共创特色班，是双方深化产教融合的实践探索之一。特色班以就业为目的，由企业与职业院校、高等院校共同创建，为企业培养优秀人才，批量储备管理干部。在学员培养过程中，校企双方共同研发课程教材，共担教学任务，结合课程修习（含专业知识、通用管理、领导力、职业规划与企业文化等课程）与实践训练（含基地实习、轮岗与轮训等形式）的教学方式，致力于输出契合企业需求的应用型人才。

二、信息技术的加速迭代

企业所面临的商业环境变化越来越快，这种动态的市场环境更能体现出企业大学的战略价值，利用信息技术创建有效的学习机制，构筑企业智力平台，打造学习型组织，企业有必要迅速构建自己的企业大学来提升自身的市场竞争力。随着新冠肺炎疫情的持续，各类企业组织员工参加线上培训，也推动了第三方的培训机构开展线上培训。安迪曼咨询发布的《中国培训行业研究报告（2020—2021）》显示，新冠肺炎疫情对培训行业的正向影响是加速了大众对随需而变的学习、对移动学习的认知和接受度；企业开始重点关注数字化转型，在未来的企业培训运营过程中，ABCD 技术会越来越受到关注，人工智能、区块链、云计算、大数据都会嵌入整个学习过程中，让学习变得更加移动化和数据化。

1. 移动学习的应用

E-Learning 的发展同时面临很大的挑战。移动互联网时代下，熟练使用手机上各种便捷应用的人们越发难以忍受电脑的不便利，打开电脑、连上互联网、找到学习页面再找到课程，这一系列复杂的动作大大降低了学习体验感。很多企业做传统 E-Learning 时把太多的使命赋予到一个学习平台上，希望它能同时实现上课、测试、评论、学习地图、数据管理等功能，但这些都不是学员所关心的，学员最关心的是如何快速找到自己需要的课并迅速完成课程学习。而在社交化学习上，很少有学习者会愿意克服诸多操作障碍，到 E-Learning 讨论社区中发言或交流，原来在 E-Learning 上做社交化学习的实践几乎都遭到打击。移动学习更有利于碎片化、非正式、社交化、即时的学习。相对于 E-Learning 来讲，移动学习的使用便捷性优势极为明显。基于京东大学自主研发的 LMS 系统"京英"学习平台，在业务快速迭代过程当中，创造大量内部分享的机会，通过直播平台、手机端"千人千面"学习内容推送以及各种各样的线上线下学习组织形式，打造学习的氛围，推动知识共享，达到"知识共享、知识共创"的学习生态建设的目标。

2. 企业大学运营的数字化转型

企业大学运营的重点在于强化数字化转型、学习效果、线上或混合式培训以及在线学习管理平台。大数据在企业大学中的应用可能超越了人们的想象，应用大数据、人工智能、VR（虚拟现实）等新技术，会帮助企业大学实现培训效能的快速提升。大规模在线公开课程（Massive Open Online Courses，MOOC）给更多学生提供了系统学习的可能。企业级 MOOC 将引起企业大学教育模式的变革。华为大学在 MOOC 的实践上也有突破，目前已经有 8 门课严格完整地用 MOOC 的标准来做，在学习量和完成率上远远高于行业平均值。华为在 5 年前只有一个仅能够承受 50 人同时学习的平台，经过一步一个脚印的积累，现在已经有了自己的应用，数字图书馆，面向员工、老师和组织的工作平台等。企业大学在未来将更加关注自身的数字化能力、混合式培训和学习平台建设。

3. 学习的视觉化、游戏化价值

传统的通过大量文本传递和检索信息的时代可能会被声音、图像、多媒体格式的信息所取代。所谓游戏化（Gamification），不是指简单地把所有的学习课程开发成游戏，而是通过一种让学员愿意积极主动投入，在最后能够对模拟情境产生学习效果且可以进一步创新的设计方式，包括线上和线下的部分。为了更好地服务于内外部市场，韩都衣舍认为，企业大学一定不能只聚焦于培训项目设计或培训形式呈现，而要让企业明晰每位员工的定位与核心价值。韩都大学存在的意义就是为员工提供学习和成长的空间，真正照顾到员工的感受，在感受与学习中找到平衡点，带给学员不一样的培训体验，在游戏中学习，在学习中找到兴趣，在兴趣中选择。通过实际的应用我们发现，将游戏的元素加入学习过程中，并切实地配合企业发展要求，并不是一件特别困难的事情，只要做好学习分析，把握好三个阶段（场景地图、脚本绘制、游戏开发），并合理协调四种角色（培训管理者、学习领域专家、店面管理专家、游戏设计专家），就能将隐性知识显性化，并通过发挥游戏学习的价值提升组织能力。

企业大学的学习方式、激励方式以及与其他管理体系的关联方式都应该考虑到视觉、游戏的元素。优秀的游戏是激发快乐情绪、参与困难工作的强效工具。构成游戏基本结构的三大因素是自我选择的目标、个人最优化的障碍及持续不断的反馈，学习者能最有效、最可靠地产生学习的动力。根据游戏工作的结构形式来创造现实中的工作，游戏教给我们如何创造机会，从事自由选择的挑战性工作，激发学员能力的极限。这样的企业大学项目对设计者提出了更大的挑战，不仅需要对学习内容熟悉，还需要对学习对象的行为、思维习惯有深入的了解，并能够融会贯通到企业的业务实际场景中。

三、产教融合的育人模式

企业大学的运营管理模式也是目前国内学者研究企业大学发展战略的一个重点。有学者按照办学主体的不同，将企业大学的运营模式分为独立出资建立型、企业联合出资建立型和企业合作建立型。学者张迎君（2008）提出五种企业大学的组织发展模式，即企业自主发展模式、企企联盟发展模式、企校共建发展模式、企咨合作发展模式和多方战略合作发展模式。德国企业大学的培训对象主要是企业的中上层管理人员，此外也给普通员工提供培训项目。除了企业的特定项目，绝大多数德国企业大学还专注于和高等教育机构合作，其办学模式以合作办学为主。企业大学提供与大学或商学院教育相同或相近的课程，通常由经认可的高等教育机构设计或负责。目前，德国企业大学和高等教育机构的联系越来越广泛。德国企业大学的主要选择是与美国和欧洲的高等教育机构进行合作，以便将美国的经验与欧洲学校的特殊方法和观点相结合，并对全球商业环境下的不同文化进行学习。这些伙伴关系的目标主要是获得优秀教师，并提供和制订相关发展计划（以短期发展计划为主）。例如，著名的汉莎商学院在创办初期就与德国EBS商学院（European Business School，EBS）进行校企合作，德国EBS商学院为汉莎商学院提供优秀师资，企业提供资金，实现两者优势互补，共同办学。为助推腾讯学院的成功转型，也有学者通过环境分析提出了加强对内建设、扩大对外合作以及提升核心竞争力的企业大学组织发展战略。还有学者则从国内企业大学发展规划层面出发，通过对建立行内协作式企业大学和社会同盟式企业大学的比较分析，为企业大学的组织发展问题提供了基于"政府—企业—高校"三位一体的可行性解决方案。通过海尔大学发展的案例可以发现，海尔大学通过与哈佛大学、北京大学、清华大学等诸多世界一流大学建立合作关系，与员工实时在线进行案例互动并分享创新经验。不难看出，企业大学的正常运营需要不断整合政府、教育、社会与企业各种资源。例如，企业大学在教学内容上应紧密契合时代发展趋势和特征，既要能够实现母体公司战略发展目标，又要能够满足不同层次、不同个体学员的发展需求。

产教融合概念源于我国职业教育推行产教结合、工学结合、校企合作等人才培养模式的改革实践。20世纪90年代，高等教育体制改革将大多数中央高校和行业管理高校划归地方政府管理，造成产教关系疏远。一些高校进一步探索与实践教学模式和办学模式，提出产教融合，认为产教融合与工学结合、校企合作紧密联系，"融合"比"结合""合作"更强调"产"和"教"的和谐互动。2017年，中国共产党第十九次全国代表大会提出要深化产教融合、校企合作。会后，国务院办公厅印发《国务院办公厅关于深化产教融合的若干意见》（以下简称《意见》），内容包括深化产教融合的意义，并从总体要求、构建教育和产业统筹融合发展格局、强化企业重要主体作用、推进产教融合人才培养改革、促进产教供需双向对接、完善政策支持体系、组织实施七个方面提出了30项"一揽子"措施。《意见》指出，深化产教融合，促进教育链、人才链与产业链、创新链有机衔接，是当前推进人力资源供给侧结构性改革的迫切要求，对新形势下全面提高教育质量、扩大就业创业、推进经济转型升级、培育经济发展新动能具有重要意义。自此，产教融合被提升到新高度，成为国家战略，产教融合受到社会各界的广泛认可和高度重视，积极投身于产教融合探索与实践中。在产教融合政策实施过程中还有一些缺陷，主要问题是没有分析学校与企业之间的共同诉求的差异点，无法发挥企业在产教融合中的价值，难以实现真正的融合共建模式。高校和企业间有着协同共生的关系，为产教融合的创新发展赋予了内在动力。这种协同共生关系不仅体现在人才的需求和供给上，更重要的是应用型高校可为企业提供教育培训、技术开发、投资咨询、管理咨询等"智力"产品，企业可为应用型高校提供实习实训、调研和就业岗位、实践技能培训等服务。因此，应探索如何在高校和企业之间建立一个中介节点，聚焦企业和高校的共同需求，深度推进产教融合。校企共建型企业大学也许就是一个很好的中介节点。校企之间的协同共生关系是产教融合的内在动力。"产"与"教"是产教融合的主要承担者，就本质属性而言，"教"的本质属性是知识属性，依靠学校实现；"产"的本质属性是经济属性，依靠企业实现。校企分属不同类型的组织，只有找到两者的共性诉求和耦合点才能更好地促进产教融合。

企业大学的共建与运营有利于促进产教融合，构建企业大学的育人机制，即构建以高校学生为对象的育人机制和以企业员工为对象的育人机制。首先，企业大学以高校学生为对象的育人机制，针对需要实施产教融合育人的专业，制定合理的人才培养方案，并由混编师资队伍中的教学团队实施育人。在人才培养方案中设置理论课和实践课，其中实践课主要包括实训课、技能课、1+X 类考证课、对接企业所需的实践课等。实践课由具有企业工作经历的教师承担，对某些涉及研发的课程，可由研发团队教师承担，涉及咨询与诊断方面的课程，可由咨询团队教师承担。这种以教学团队为主、研发团队和咨询团队为辅的师资配置，可充分利用高校原有的师资资源和企业的师资资源，有利于形成高校与企业浑然一体的育人机制。通过育人机制的发挥，使学生既精于理论又擅长实践，既具有研发潜力又具有成果转化意识，既擅长就业又乐于创业，使产教融合真正落到实处。其次，企业大学的重要功能之一是开展员工培训，需构建以企业员工为对象的育人机制。对于技能型培训任务，企业大学应根据企业自身及所在产业链相关企业与客户的业务、管理、技术等情况设立若干专业学院，由专业学院根据培训任务配置师资，这些师资主要来自具有企业经验的教师，培训地点可在实训室、模拟仿真车间乃至企业的真实车间、实验室、化验室等场所进行。

第二节　强化战略导向

企业大学服务企业战略与业务，支撑变革与转型。所有业务的出发点和落脚点是服从与服务企业战略，这是二级组织的基本职责，更是企业大学的业务制高点。战略对接是企业大学区别于培训中心的第一特征和核心要素，是立身之本；统一的战略澄清与解码，带来有序的执行熵减，提高系统战略落地的势能。路江涌（2018）把企业生命周期四阶段的战略思路统一起来，将创业管理和战略管理思想融合，形成了演化战略（共演战略）。在复杂的环境之下，企业将迎来再次创业到卓越的发展过程。企业大学在共演战略之下，具备系统性和动态性的战略思维。

一、服务业务和战略变革

战略驱动的理念，就是要从战略角度来思考和定位，而不只是从人力资源的角度。企业大学要关注两大领域：培训和研究。培训从人力资源角度思考；研究从战略角度思考，就是要有智库的价值功能，通过内外部专家开展专题研究，向领导层及业务部门提供解决方案。赋能是新时代最重要的组织功能。企业大学是赋能机构，要为员工和组织改善绩效提供适当的工具与方法论，帮助企业领导层策划和推动变革。做到这一点的前提是，企业大学要具备足够专业的能力。其专业能力的形成与增强在于保持对业务的熟稔，对趋势的洞察，以及对先进工具与理论的持续学习和探索。

企业大学为企业人才管理提供服务，主要利用构建培训、考试、实践、待遇整体化机制，来不断优化企业的人力资源。中铁四局企业大学以服务企业发展战略为中心工作，以打造成为企业的战略发动机、人才成长营、知识加工厂、学习生态圈为定位，通过开展战略工作坊，将中铁四局每个阶段战略所对应的发展需求与业务需求分解为量化的指标，与企业大学的四项战略定位相链接，并匹配相应的学习资源或人才发展战略，每年根据工作会确定的工作目标，对学习培训工作做梳理，制订年度学习培训计划，并在重点培训班、重要人群中开设《形势任务解码》课程，宣贯集团年度重点工作任务与业务发展方向，使学习培训工作始终围绕企业战略与业务发展展开。企业大学不仅要注重企业历史经验的总结和当下问题的解决，还要在企业战略规划、商业模式、运营管理、人才发展、组织学习等诸多方面积极开展前瞻性思考，力争在企业变革转型中走在前方，提供智力支撑、舆论宣导乃至思想引领。

二、解码战略到培养体系

企业大学无法完全超脱于所从属的企业而存在，但可以通过有意识地提升独立思考、客观分析、理性评价和专业化建议的能力，建立并强化作为企业内部独立第三方的地位和作用。企业大学应掌握并运用这种独立第三方的专家视角和专业能力，洞察行业发展趋势，观察企业大学本身乃至整个企业，进而发现问题，并为之提供解决方案，参与问题解决过程，从而最终促进企业发展。企业大学在企业中的定位决定地位，根据清晰的战略定位确定学习模式、设计课程模块、配置讲师团队等。有效运行的企业大学必定与企业战略相伴而行，与成功企业相伴而生。企业大学成为研究问题与解决问题的场所。成人学习方法的一个重要特征是基于问题的学习。企业是在发现问题和解决问题的过程中不断发展的，因此解决问题必须成为企业大学的一项重要职能。当企业大学成为内部的咨询中心、情报中心、经营管理问题的解决中心时，它就超越于培训中心而达到一个更高的层面，企业大学之于企业的价值才会彰显出来。学习项目的首要环节是学习需求分析。华为大学曾专门组织一批专家研究提炼学习需求分析的方法论，形成了"商业需求、绩效需求、学习需求和学习者需求"的思维分析框架，分别从公司战略、业务绩效、员工能力、学习途径等方面进行综合分析。

我国企业大学应根据业务战略与不同专业员工能力发展要求，构建不同的专业线条的学习培养体系，把各种方式有机融合，按照职工能力成长阶段和学习内容匹配相应的方式。在岗辅导体系是整体培训框架中的有机组成部分。例如，中国国航客航服务部构建了客舱在岗培训体系。在制度制定层面，企业大学应充分兼顾到培训流程及公司的业务情况，规范在岗培训制度，明确分工，标准化管理工具与表格；在组织优化层面，适当对培训管理部门组织架构进行优化，为充分确保该项工作顺利开展，设立独立的管理与实施部门；在内容层面，应分析学员在岗培训知识点体系，在此基础上，总结好的经验，形成在岗辅导标准化内容，并制作导师辅导与学员学习手册，以统一导师辅导的内容与方法。无论是企业自身还是企业大学所处的环境，都是一个不断发展变化的动态过程，这也决定了企业战略并非一成不变，只有根据所处环境及时地调整发展战略才具有实战的价值。企业大学是企业知识的核心，在紧密结合企业战略进行培训的过程中，能够对企业所处的环境、行业状况进行有效的分析和把控，并通过这些对企业应有的战略进行调整，从而在原有战略的基础上催生出适合企业发展的新的战略。

第三节　提升运营质量

一、领导力为主的人才培养模式

人才培养是企业大学的核心任务，人才培养的模式各有特色。美国企业大学形成了以领导力为主的对内式人才培养模式、以技能提高为主的半开放式人才培养模式、以管理水平提高为主的对外式人才培养模式。由于我国企业大学在领导力培养方面存在巨大压力，因此需要借鉴以领导力培养为主的对内式人才培养模式的典型代表——GE韦尔奇领导力发展中心的运作经验。企业变革和转型成为常态，而领导力以其独特的价值影响着企业变革与创新的成败。国内企业大学期望人才培养能够与业务、与实际场景相结合，以降低领导力课程训后效果转化的难度，提升领导力培训的质量。因此，企业大学以业务专家、高管的优秀实践为主导，咨询公司科学的课程开发方法论为辅助，结合经典管理与领导力模型、工具开发的领导力课程开发将越来越多，企业大学内部自主开发中基层领导力课程和培养项目必将成为趋势。

1. 打造基于绩效和变革的领导力

从企业大学发展阶段看领导力培养工作，所有阶段的企业大学经常存在的问题是领导力培养工作与实际业务需求脱节。企业大学需要聚焦领导力，实现企业成功基因传承与管理变革的交融。组织领导力的发展是组织对自身领导人才的期望、管理机制、发展手段综合发挥作用的结果。要拥有贯穿战略到执行的组织领导力，还需要组织中每个层级的领导者都清楚地知道组织对他们所在层级的期望和他们应该扮演的角色，拥有承担起这些责任所必需的关键核心能力，被激励持续展现组织期望的领导行为并真正扮演好各自的角色。要产生这样的领导力，最有效的方式是协助好领导，发展领导，因此打造组织领导力的关键首先是打造一支高质量的高层领导团队。企业大学在领导力培养工作上要进行人才与业务数据分析，前瞻性地预测并储备人才；主动与业务方沟通和达成共识，根据业务发展需要，协助共同目标的达成。

虽然每个企业对核心管理层的定义略有不同，但究其本质，都是根据企业发展战略和核心任务梳理出来的。对此，我们需要提前制定领导力发展战略，从人才遴选到人才发展、人才评价，再到继任者的培养与管理，这些环节缺一不可。任何杰出的个体领导能力都是通过日常领导行为的改变得以发展，而领导行为的改变是一个需要长期关注的持续的过程。领导力是基于绩效和变革的领导力，企业大学必须理解员工对领导力行为的需求，提升领导力的绩效行为。每个领导者的能力提升和领导行为改变都是天天在做的，是高度个性化的过程，自我认知的不断提升是其发展的起点，最能够有效评价并反馈每个人领导力的是其身边的工作团队和经理。越高层的领导者越需要广域的领导能力，关键经验的历练和积累是其发展最有效的方法，也是验证其能力的有效手段。

2. 建设领导力发展课程体系

GE 韦尔奇领导力发展中心开发了一系列领导力发展的课程体系，覆盖基层领导到高层领导，致力于提高领导者的战略决策能力、团队合作能力，以及激励员工实现共同目标及组织变革。韦尔奇要求 GE 的领导者能够创造性地摧毁和重建组织，这一创新的理念指引着 GE 在多元化的道路上不断创造奇迹。在当前互联网时代，企业发展面临着自我革命、被革命的颠覆性抉择，企业的领导者更需要不断摧毁和重建组织，适应快速迭代、动态变化的环境。GE 领导力的课程设置通过经常性的需求调查、企业高层战略会议等收集信息，以此来决定自己的方向，紧密结合主要业务和变革项目，为总体战略实施发挥重要价值。GE 领导力发展体系包括五个部分：第一部分是新进人员领导力训练营。每年通过校园招聘选拔大学生进入 GE，了解企业战略，学习企业价值观，由不同层级的人员给予新员工指导。第二部分是新任经理发展项目。每年对新任的经理提供管理人员必备的管理技能课程培训，包括人才引进、人才开发、团队建设技能等。通过新人经理的直接上级的领导力调查反馈，明确针对性的领导力学习计划。第三部分是高级职能项目。这是为高级职能经理开设的职能领域的领导力课程，在课程学习中融合变革项目，联合跨部门、上级或客户解决项目难题，提升职能领域的领导力，体现了企业大学以实践为中心的思想。第四部分是高级经理项目。高级经理需要学习业务管理课程（BMC），解决企业现实商业问题，同时参与户外领导力挑战体验项目、顾问团队项目和 CEO 项目。业务主管提出方案修改建议，反馈学员的表现，实现人才培养与问题解决的双赢结果。第五部分是执行层研讨会。针对企业存在的一些疑难问题定期举行研讨，分成不同的小组分别提出结果，最后比较分析，综合得出可行性的优化方案。

从 GE 领导力发展体系的系统性、层次性和战略性可以看出，其体现了企业的战略性，顺应企业快速变革的需求和文化创新，符合领导者培养的规律性和层次性，着眼于解决实际问题，并从中总结为领导方法和创新理论，使领导者具备决策能力、整合能力、创新能力、执行能力，而后以领导发展领导，培育和影响更多的管理者，形成领导力发展的循环运转体系。

3. 探讨多层次的领导力培养方式

世界 500 强企业的人才培养与发展实践证明，影响领导力发展的因素主要来自三个方面，称之为"721 法则"：70% 来自关键经历，根据人才的特点匹配相对应的关键性业务岗位或角色；20% 来自人际反馈，从同事、上级或客户得到反馈和建议，实现自我提升；10% 来自教育培训，参与专业技能类或通用管理类的课堂培训，获取知识和信息（见图 8-1）。

影响因素	培养方式	具体措施
关键经历70%	挑战性工作任务 行动学习 晋升	岗位轮换（跨区域、跨职能） 担任项目经理 担任内部培训师
人际反馈20%	360度评估反馈 测评（个性、团队） 行为反馈	教练辅导 导师制 角色模拟
教育培训10%	课堂培训（内训） 阅读自学 E-Learning	论坛（外部、内部） 跨界参观学习 外派培训和管理教育

图 8-1　影响领导力发展的因素

从"721 法则"来看，人才培养的关键是从经历中成长，并得到辅导反馈，将关键经历转变为人才培养的核心，提供有针对性的辅导和培训。企业大学将来自不同岗位的学员组成小组，跨界交流，学员从不同的视角共同研究和解决企业实际运营问题，形成研究报告，由专家或导师进行辅导，评估报告是否能解决企业的实际问题，以此训练员工研究问题、解决问题的能力，确保成果的应用效果。

二、敏捷式迭代的课程建设理念

1. 敏捷课程设计与开发

处于转型变革期的企业，为快速满足组织与业务的发展需要，在课程建设的理念上有所转变：以往强调搭建结构化的课程体系，如今则更偏重在已有的课程架构上进行敏捷式迭代；对课程的实用性与时效性提出了更高要求。作为企业大学的核心资源，课程体系是有效满足人才培养需求的关键资源。企业大学在课程设置上可以充分考虑企业发展现状和阶段，与公司的定位和战略匹配。在国内企业大学中，管理类课程大多参照跨国大型企业，分享它们先进的管理经验，注重长期效果。本土企业则更注重培训课程的实用性，强调与日常业务的紧密结合。

企业大学需要加强与高校的合作，整合训练有素的课程开发专业人才，提高企业课程开发的专业化程度，挖掘企业在发展过程中产生的大量宝贵的知识财富，不断记录、整合、提炼与更新，这是企业的智慧结晶，能够内化为企业未来的竞争力。目前，我国85%左右的企业已着手进行组织经验萃取与知识管理工作，通过团队共创、深度访谈等方式，提炼出可复制的工具、流程、方法论以及课程与案例等知识成果。而企业大学深入业务一线，聚焦典型情境，找到关键的挑战点，组织业务专家总结案例、萃取现有实践经验，将集结而成的课程、案例、项目等学习资源快速输送给员工，已逐渐成为常态。同样，员工在实战中运用所学并及时复盘，再将总结的经验反哺至课程、案例与项目，既实现了经验的快速迭代与复制，为业务的快速扩张提供强有力的支持，还有效提升了组织的整体效能。对于企业来讲，为提高组织的绩效，企业需要保持员工生活与工作的平衡，提高员工的幸福指数。企业大学还会提供更多生活技能、情商等方面的课程，提高员工的幸福感。

2. 基于"三线"协同的内容体系建设

课程体系建设已经成为人才管理落地的抓手。企业大学加强课程体系建设，应形成职业发展规划、岗位任职资格体系、学习发展路径规划"三线"协同，其价值包含但不限于：员工职业发展方向与岗位任职资格要求能够做到同频协同；岗位任职资格要求满足学习发展路径规划，能做到成本最小化、价值最大化；人才队伍培养工作能够做到兼顾组织战略层面、业务结果层面、个人发展层面的多层次、多维度需求。针对不同的职类、职种和职级，基于胜任能力匹配，明确每项能力及能力等级对应的学习内容、学习形式，梳理建立其对应胜任能力标签的核心课程体系。企业大学在专业人才培养方面，为各线条业务人才绘制完善的学习地图以帮助员工发展。随着员工的职业晋升，需要不断针对性地提升和完善员工的能力水平，使专业课程贯穿员工成长的每一个重要环节。专业技能课程是完成基本操作所具备的课程，专业能力课程是提升潜在能力和素质的课程。紧紧围绕员工职业生涯发展与能力要求的系统化学习地图是确保关键人才培养的基础。企业大学课程建设融合知识管理体系、E-Learning系统，为企业培训学习和持续成长提供课程体系、平台、内容、应用辅导四位一体的解决方案，帮助企业快捷建立和运营起一套规范化的课程开发体系，有助于企业建立学习型组织。

三、训战结合提供发展解决方案

企业大学只有坚持问题导向，学员才能还原企业真实场景，带着任务与思考参训，将培训与实践结合，创新培训方式方法，为成果应用提供保障。训战结合可以最大限度激发学员的学习动机和参与度，提升人才培养效果，逐步成为我国企业大学主要的学习方式。华为大学探索训战结合的赋能过程与实战项目，着眼于组织能力提升，基于业务与岗位角色需要及能力差距，主要依靠内部资源并结合管理变革咨询项目向全球业界最佳实践和专家学习，不断探索线上线下混合式学习的各种方式，简单地说，学习的目的主要不再是理念的转变和技能的提升，而是直接面向"能打胜仗"。训战结合始终关注业务发展、员工成长，为改善员工行为与绩效支持提供路径和方法。训战结合模式先进行集中模拟训练，以案例角色演练为主，过程中有教练点评和最精华的知识点的讲解。此模式与模拟、沙盘课程的不同之处在于学员结束模拟课程之后，会到一线项目中实践两个月，全程体验项目并承担其中的关键岗位，项目结束后进行答辩，决定能否晋级下一轮。这种训练和实践真实结合的方式，脱离了单纯在教室中学习的模式，而是训战结合，与一线实践结合。

四、绩效支持为主的系统化评估

企业大学建设过程中要基于内在运营逻辑，从建设成果、运行效果、外部对标等多个维度科学建立企业大学成熟度模型，确定关键业务主题，分解关键过程领域及关键实践活动，提取形成评价指标体系，并通过不断的评估和对标，指导企业大学的发展，监控企业大学日常的有效运营。传统的培训体系包括师资、课程、运营体系，而企业大学的学习体系却新增了绩效技术、教学设计、培训评估三个专业性要素，使其变得更加系统、专业，其中绩效技术是指在分析绩效差距的前提下，设置最有效、最佳的成本—效益的问题解决方案。ASTD 对其进行了界定，即发现和分析重大的绩效差距，分析影响绩效的客观因素和主观因素，设计绩效改进计划，突破影响绩效的瓶颈，设计和开发缩小差距、符合成本—效益且遵循伦理道德规范的行动计划，评价其效果的系统化过程。它的引入在很大程度上提高了企业大学培训设计的精准性，能够明显提升绩效。教学设计是在开发新课程时常用的方法，其主要由以下五个流程要素组成：分析、设计、开发、实施、评估。它使课程设计的内容更加科学，建立了系统化评估体系。在整个培训中，评估起着非常关键的作用：首先，评估结果可用作项目反馈与修正，识别与优化项目中的不良进程；其次，评估还能得出企业对其投资实现的回报。企业培训评估一般使用柯氏四级评估模型。在现实中，因面临着不容易收集培训数据、业务部门不愿意配合等问题，培训评估始终存在不小的困难。传统的培训部门仅局限于第一、第二层级；而企业大学由于它的战略性，可以获得企业高管人员与公司业务部门的配合，使以上问题得到缓解，这样就可以评估第三、第四层次，也就是行为层及绩效层。大部分企业大学已经构建起评估体系，提高了评估层级。为突出企业大学的战略作用，企业大学效果评估的重点不仅在于员工技能掌握情况，更重要的是员工绩效的改善情况，建立一套完整的评估体系，评估内容贯穿整个培训过程，评估重点是提高培训者的绩效。

由此我们可以看出，企业大学除了以学员的满意度为主要评估导向，更以实实在在的员工业绩改善为目标。企业帮助员工用自己的知识技能和影响力来推动创新及盈利增长，为企业提供绩效支持。在社会价值方面，优秀的企业大学在精神层面要与时俱进、开拓创新，产品要引领该领域未来的发展方向，商业理念要能产生正面的社会影响，实践活动要体现与之相符的社会责任。

第四节　协同人才管理

一、协同人力资源管理

知识经济时代，企业最重要的价值源于创造力。企业持续的创造力依赖员工的持续创造力。《华为基本法》中有两句话："认真负责、管理有效的员工是华为最大的财富""我们强调人力资本不断增值的目标优先于财务资本增值的目标"。由此可以看出，人才不是华为的核心竞争力，对人才进行管理的能力才是企业的核心竞争力。企业大学是一个整合服务的赋能平台，不是人才管理的主体，企业人力资源部是人才管理的规划者和执行者。企业大学作为企业人才培养的重要一环，要协同企业人才管理，做好与人力资源各模块的相互支持与合作。企业以系统运行的方式保证人才培养的有效性，建立人才资源池（针对人），规划核心岗位，筛选有培养潜力的重点培养对象，集中资源重点突破。企业大学建立全面的人才培养资源库（针对培养方式），即培训课程、学习资源库、专业工具包，制订统一培养计划、专人跟踪实践、定期测评效果，使人才资源池的培养得到有效落实；建立主动式分布学习氛围，把人才培养从员工被动接受转为员工主动学习、自愿学习。

二、融合人才培养体系

1. 人才管理的系统化

马克斯·韦伯（1947）明确提出，"那些组织之所以能够取得持续成功，并不是因为一个领导者的非凡魅力所致，而是因为这些组织能够系统化地培养领导力"。韦伯提出的"系统化地培养领导力"可以归结为四个核心模块（见图8-2）：标准体系、评价体系、人才盘点体系和发展体系。标准体系模块的人才标准将随着企业战略重心的变化不断调整。比如，国内不少制造型企业过去依靠高生产效率、低成本取得成功，现在依靠优秀的产品设计赢得竞争，而未来要为客户提供全面的服务才能持续领先。这些战略模式的变化对于领导者的思想、行为、能力的要求也有很大不同：原来是高效的领导者，强调控制、规则、流程、专业化，未来要成为真诚的领导者，强调愿景、创新、系统、变革、全球视野。领导力的标准只是该体系的一部分，它还包括专业标准，如销售人员的能力标准，也包括一些与业务相关的特殊标准，如国际化人才、高潜力人才的标准。评价体系是在明确标准之后，如果组织要回答"企业目前的人才现状（绩效、素质、潜力）怎样"，就需要建立评价体系。该体系常常会涉及一系列的工具，从简单的360度评价到使用多种工具组合的评价中心。评价体系主要还是用于对领导者个人的评估。对于盘点体系，不少人常常把评价和盘点搞混。评价只是盘点的前提，为盘点提供必要的输入，评价体系更关注对个人能力的识别，而盘点体系则是把个人放到组织当中，回答"组织结构如何支撑业务发展""什么样的人才结构更加合理""为了支撑组织战略目标实现，需要建立怎样结构的人才梯队""在可选择的候选人中，谁是关键岗位的继任者"这样的问题。因此，盘点不仅包括对人才的盘点，同时也包括对组织效率的盘点。盘点体系运行的重要结果是形成分层的人才库，人才发展体系所做的事就是保证人才在库中快速发展。这四个体系各自有其内部的逻辑，如标准体系中素质的冰山模型让我们更清晰地思考不同人才标准的区别，评价体系中从领导角色、领导过程到领导结果的逻辑帮助我们更加全面地扫描管理者，以及发展体系中 70—20—10 的人才培养方法的组合规律。但纵使它们的内部逻辑再完美，如果把这四个体系割裂开来，它们必然无法发挥出全部效能，甚至是毫无用处。这四个体系的有机组合才是韦伯的语义精妙所在。

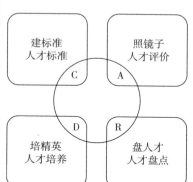

• 具备什么思维、素质和能力的领导者才能带领企业取得成功？

• 企业未来的战略目标和现在的能力缺口、人才缺口是什么？

• 如何绘制领导者和专业人士学习地图，内部发展缩小能力差距？

• 如何为新兴业务和战略转型储备适应的人才？

建标准　人才标准　C

照镜子　人才评价　A

培精英　人才培养　D

盘人才　人才盘点　R

• 企业目前的人才能力如何？与能力标准之间有怎样的差距？

• 企业目前的人效和人才充足率如何？

• 如何识别有潜能的人才，并针对性留才、用才？

• 如何打造企业内部人才供应链，为关键岗位源源不断提供人才？

图 8-2　CARD 人才管理模型

2. 企业大学参与人才地图的构建

构建人才地图不是企业大学的主要任务，但是企业大学却应该参与其中，为人才的学习发展体系设计奠定基础。CARD 人才管理模型能够让人力资源工作者更清晰地了解自己的工作出发点，但对于企业管理者而言，其或许并不清楚这个体系的价值。因此，我们需要换一套语言体系以便与企业各级管理者产生共鸣，即人才地图。构建企业人才地图旨在帮助企业明确关键人才发展的现状，了解关键人才的整体优势、弱势，以便企业在构建培训和发展体系以及在内外部招聘和选拔的过程中能够更加有的放矢，为企业人才梯队的建设奠定基础，这是企业管理者所关注的事情。将关键人才定位到不同的关键岗位层次和类型上，并配合人才测评的结果所形成的人才地图可以指明人才使用和发展的路径，也量化了人才的缺口。一张清晰的人才地图可以让企业精确掌握人才分布，了解最迫切需求的人才类型，可以更有效地招募人才和更有针对性地开展培训，补足人才缺口。

第五节　搭建非线性学习平台

一、数字化学习设计

信息技术的飞速发展带来的教育革新，尤其是数字化学习方式（如移动学习和泛在学习）让学习空间的概念逐渐扩展和延伸到了虚拟层面，非线性学习的空间应运而生。海尔大学开始探索自组织、自学习、自发展的模式，改变学习的路径和链接学习资源的方式。采用自组织的方式，可以将企业和学员变成并联关系，他们可以主动参与设计课程。面对开放、丰富的学习资源，学员选择适合自身需要的内容进行学习，学习成果也更加多元化。面对数字化转型的形势，南方电网提出引入以人工智能为代表的新兴技术，推进技术与培训业务的深度融合，保证技术技能类培训和实际作业现场一致，满足理论与实操的结合。广东电网培训与评价中心启动"虚拟场景数字化交互学习设计—虚拟仿真实操培训"项目，采用"理论+沉浸+实操"的混合式仿真学习课堂的培训模式，通过模拟场景满足日常在岗现场培训，通过多人线上协同实现师徒带教、考评演练。虚拟仿真培训结合了员工自主性和企业主导性的特点，有效帮助学员控制学习节奏。同时，项目促进了隐性知识显性化，成为组织知识管理的沉淀器，并实现了学习和考核的挂钩，让培训管理更科学。

社群化学习将成为学习的常态。建立学习社群有助于相互鼓励和促进，产生新的知识，达到更好的效果，体现了建构主义的学习哲学。搭建非线性学习平台是保证企业大学学员进行非线性学习的基础，非线性学习主要通过互联网进行学习，或者通过社群的形式进行学习。以海尔大学为例，其通过搭建资源共享平台、云学习平台、微社群等多种方式，拆掉了学习资源和学习者之间的"墙"，为学习者提供了一个弹性的学习平台，并按照"按需定制、快速迭代、制造场景"的原则，定制学习项目，让知识更好地流动。学员可以根据自身的需求，在自己最合适的时间里学习最合适的课程。张瑞敏提出，互联网思维是零距离和网络化的思维。传统行业在互联网时代的融合与转型的关键是融入互联网，打通企业与社会、企业与员工、企业与市场的连接和联结，实现互联互通。顺应时代大势的企业大学，必须担负起培育企业创新原动力、推动创新组织变革的使命。在起伏汹涌的浪潮里，企业要冲浪，就要保持初创期一般旺盛的生命力，选对战略方向很关键，但同等重要的是组织形态是否能够支持快速应对外界变化并快速提交结果。这要求组织不仅能自我修复，还能自我进化。

非线性学习平台的核心驱动力是"人"，通过打造一个匹配学习者的平台，推动员工自组织学习，甚至在"玩中学"。线性化培训模式难以响应企业搭建优秀人才梯队的需求，学习已经不仅仅是线上课堂学习、线下培训，还包括文档知识学习、问答式学习等，通过问答形式使企业内部隐性知识显性化，使知识管理的价值利用最大化，使知识分享和获取更高效、便捷。非线性学习平台推动培训模式变革，实现人才培养工作的规模化、敏捷化、个性化，推动学习习惯变革，实现全员学习、终身学习、按需学习，成为企业学习型组织建设的推动者和实施者。

二、随需而变的学习

企业大学建立的线上学习平台使学员随需而变的学习成为主流。随需而变的学习是一种新的学习策略，也常被称为适时学习，可以让学习随时随地发生且提升学习效果和效率，通过低技术含量的学习工具融入学习者的工作流程中。作为一种战略工具，其应当以情景为中心。如果我们的组织正在努力进行某种形式的变革，那么企业大学就应该关注与该方向有关的知识培训，以及整个变革是如何发生的。如果企业很大的问题在于内部员工之间的协作缺失，那么再好不过了，企业大学就是让他们发生互动的场所。非线性学习平台的功能不再仅聚焦于"学"与"考"，而是融合了在线学习、培训管理、互动交流、视频直播等多种功能于一体的"一站式"全场景平台。平台上汇集了大量的学习资源，为了加强学员与平台的黏性，促使员工主动运用平台学习知识、分享经验，提升平台的使用率与知识贡献度，企业大学主要从建立激励性的制度、产出具有针对性与实用性的内容、嵌入多样化的功能、基于产品思维运营平台四个方面着手。

1. 学员学习的弹性与激励

随需而变的学习模式能否发挥效能取决于企业当前的 E-Learning 系统的兼容适配性，企业大学的信息技术基础设施（如移动学习平台/系统、知识管理系统）能为随需而变的学习模式落地实施提供充分的技术支持和保障。学员在平台上的每一个动作都会获得相应积分。同时，一个员工完成某项学习或通过某项考试后，即可获得相应证书，这从机制上保证了员工学习有所获，学习有激励。腾讯乐享鼓励员工自组织学习，即员工在平台上既可以学习与工作直接相关的课程知识，成为专业性人才，也可以学习与工作非相关的课程知识，成为通用型人才，与公司业务共同成长，打造了完善的积分和证书制度激励员工，推动员工自组织学习，保障员工时刻有学习的热情和动力，不仅让员工学习知识，更要让员工去寻找和探索知识，养成获取知识的能力和素养比知识本身更重要，从而培养具有自主学习能力和领导力的人才梯队，建立企业自己的"人才蓄水池"。

非线性学习平台搭建后，需要对共享平台、云学习平台、微社群的主体进行确定，以社群为例，社群的主体除了企业大学的学员外，还应该实现粉丝的多中心化，即企业大学的学员不仅要参与到社群中，而且还要在社群中起到主要的影响作用，这就使在创建社群时，如何通过经营粉丝推动知识的传播成为重点。这样一来，就经常有学员来分享知识，或者由学员推荐好的老师来分享，再通过线上社群、线下活动双管齐下，让学员成为学习的主人。

2. 产品的更新

随需而变的学习提升员工的学习弹性和方便性，能够更快地响应学员的学习需求。非线性学习平台搭建后，企业大学还要对企业员工的学习产品进行不断的更新，主要是针对企业大学的课程进行开发，同时由于网络时代的特性，课程产品的更行速度也必须是快速的。从实践来看，由于企业大学的课程开发并不是一件简单的事情，因此开发的期限比较长，大部分为半年或者一年，如果按照这样的时间，等产品开发完成后再进行培训，培训的对象可能已经发生变化，那么根据原有人员需求开发出来的产品就会存在着比较大的问题，因此需要通过创客公开课、训练营、创客活动等为创客提供辅导。同时，搭建非线性学习平台，需要企业大学的构建者从学员的应用场景角度进行考虑，对最为核心的平台功能进行提炼，从而最大限度地激发企业大学学员的学习兴趣。必须要考虑的因素有以下三个：一是最大限度地弱化企业大学对学员学习的指令感；二是最大限度地强化企业大学学员的学习意愿；三是最大可能地保证非线性学习平台的人气，应充分借鉴 E-Learning 平台的教训，避免非线性学习平台出现冷清的局面。从本质上来看，非线性学习产品本质上就是"平台+内容"的产品，如果脱离了相关内容，平台也就会失去存在的可能。如果平台搭建针对所有企业大学的学员，既会显现内容不足，又陷入了众口难调的尴尬境地。

3. 多样化的功能

从传统的企业软件来看，主要谋求的是软件的全面性和稳定性，这一点在业务性软件商方面显现得尤其明显，因此软件一般都是在基本完全满足需求的情况下，才被开发上线，但是这对于非线性学习而言并不适用。由于非线性学习的特性，它不仅仅是作为一种新兴事物而存在，更重要的是外部变化过快，因此在搭建非线性学习平台的时候，对这一因素应进行着重的考虑，至少应考虑两个因素：第一，尽可能地考虑最为精简和最核心的功能，如微课学习、问答交流、课程评论等，然后再进行逐步迭代开发。第二，平台搭建要具有明显的针对性。总体上来说，企业大学的学员人数比较多，构成比较复杂，学员在年龄、知识层次、技能水平等方面都存在着很大的差别，所以在进行非线性学习平台搭建时，针对性要明显，比如针对一线营销人员进行非线性平台搭建或者针对中层管理人员进行非线性平台搭建。因为从现有企业大学搭建非线性学习平台的经验来看，全员覆盖非线性平台搭建的成功案例几乎没有，如海尔大学的非线性学习平台对人员就具有非常明显的针对性。非线性学习平台不再是传统线下课堂中人与人的简单集合，而是通过互联网实现的人与人关系的融合或碰撞。

从功能上来看，非线性学习平台能够实现基于共同任务、共同爱好和兴趣而创建学习社群的功能，在这一社群中，教师与学生之间的界限不再分明，老师不仅仅是知识的传递主体，也是学习的主体，企业大学学生也不再仅仅是学习的主体，同样也是知识传递的主体。所以在功能方面，非线性学习平台不仅限于简单的传授、问题的解答，还应包括学习任务的发起、课件的制作等诸多方面内容。企业大学在非线性学习平台的构建过程中，还应设立专门的群组化功能和有求必应功能，学员遇到问题时，首先可以通过平台系统进行解答，这一点可以通过平台的案例库、宝典等实现；其次可以通过平台的其他学员进行解答；最后可以通过专家库，由专家提供支持。

4. 企业大学智慧学习空间

教育发展理念指引的智慧学习空间致力于支持智慧学习，契合于企业管理理念引导的企业大学服务人才培养的目标。因此，企业大学智慧学习空间建设应兼备双重指引，即教育发展理念和企业管理理念，逐步迈向智慧学习空间，实现培训开展和知识管理的知识中心，培养核心胜任力员工，传承创新企业文化，服务企业战略目标。企业大学智慧学习空间的特征主要体现为借助物联网技术、情境感知技术、泛在网络技术实现企业与学习场所的互联感知；借助大数据技术等支持数据共享与融通，实现管理服务的智能预测、科学决策、精准高效；从而实现学习空间灵活、可重组，学习资源优质、可共享，学习方式泛在、个性化，评价方式多元、智能化，师生关系和谐、平等化。企业大学的智慧学习空间模型即以"应用服务"为主旨，"云端服务"为连接，形成"四大技术"为支撑、"三大体系"为保障，实现企业大学多维空间的虚实融合，与企业下属单位及社会环境的无缝连接，从而实现其服务于企业知识创新和战略目标的功能价值。企业大学智慧学习空间的建设以促进行业智慧培训为主题，以提升智慧环境为支撑，以保障和驱动企业大学持续发展为主线，把加快"互联网+"培训学习作为发展的重要途径，把加大人工智能、大数据、5G 通信技术等新技术应用作为构建企业大学智慧学习空间的重要手段，把加强信息高效利用作为企业大学教学服务和管理的有力支撑，不断加强网络安全保障能力，全面推动企业大学在智慧时代的新一轮跨越式发展，继续发挥企业大学在企业人才培养、知识管理创新方面的战略作用，与此同时，也为"产教深度融合、校企双元育人"的职业教育战略格局探寻企业与国家职业教育的接口与出口。

总的来说，企业大学对于未来学习模式的自主性、便捷性、适合性以及随时性提出了要求，企业大学也更多地站在学习者的角度去设想未来的学习模式，而这种未来的学习模式就是随需而变的学习模式。

第九章　结论与展望

第一节　研究结论

本书分析了我国企业大学的发展现状、企业大学的角色与功能，研究了企业大学的运营体系，确定了我国企业大学发展质量评价指标体系，建立了模糊综合评判模型进行综合评价，并根据山东省5所企业大学发展的相关数据进行应用研究，分析山东省企业大学的发展质量，最后提出我国企业大学发展质量提升的对策建议和优化路径。

1. 企业大学的现状分析

本书从企业大学的发展历程出发，对企业大学的发展动因、发展阶段和发展趋势进行了深入的剖析，同时结合我国企业大学的实际，在对我国企业大学发展环境进行充分分析的前提下，客观地阐述了目前我国企业大学的发展状况，并指出了影响其发展质量的关键性问题。从企业大学的发展现状看，企业大学在实践中因企业而异，要适应每个组织的具体需求。为了产生战略影响，企业大学的理念必须适应商业环境，以便发挥其优势，尽量减少弱点，积极寻找和选择机会，并防范威胁。因此，各企业追求的学习战略和环境策略因其全球化程度和面临的变化而变化，其员工队伍发展阶段以及企业大学的发展阶段也各异。

2. 企业大学的角色与功能

随着企业对组织发展越来越重视，企业大学需要重点关注组织力的建设，组织力包括企业心智——文化力、企业的生态能力——内外交互能力、员工的能力、战略管理能力等，在传统的领导力培养、专业力培养或者培训项目设计、授课、评估等问题之上，从长远角度看这是对企业大学提出的更高要求。当然最核心的是，企业大学的客户永远是企业，要服务于企业的战略、企业的发展阶段，企业大学的角色定位永远需要以企业战略和发展阶段为动态导向，并需要前瞻性地建设自身能力，打造自身的核心价值。企业大学的角色主要有以下四个：

（1）战略支撑者：支撑战略和业务发展。企业大学首先服务于企业，不能孤立于企业存在，企业大学的发展状态也难以超越组织的管理成熟度。企业发展的根本是什么？那就是业务的持续良性发展。有些企业大学在进行规划时，根本没有考虑组织的战略和业务发展规划，这显然有悖于企业大学的立足之本。所以企业在成立企业大学时，也要先评估企业所处的发展阶段，确定企业大学近期的发展目标，提出具体的发展要求。企业大学的一切工作都要思考：这项工作对于企业战略和业务发展有帮助吗？如何能够更紧密连接战略和业务？

（2）绩效顾问：成为绩效咨询顾问。企业大学不同于培训中心，更不同于培训专员的工作。在企业的业务发展过程中，会出现各种问题，而这些问题绝对不是仅靠请几个老师来讲一些精彩课程就能解决的。众多问题的解决需要梳理流程、完善制度、推动变革等多元化举措，这对于企业大学的专业性提出了较高的要求。企业大学的员工需要熟悉业务，具备系统化思维，像教练和顾问一样，能够从企业运营全局来发现问题，找到更有效的解决方案；同时，又要持续走出舒适区，走出办公室，到业务中去，俯下身子来找问题、找方法、推落地。

（3）业务伙伴：赢得领导层及业务层支持。如果企业大学出问题，最先表现出来的就是领导层和业务层开始不支持企业大学了，员工将培训当成了任务，而根本原因很可能是企业大学的工作让他们感觉没用。不要让培训成为孤岛，始终要铭记人才培养不是企业大学（培训部门）自己的事，而是整个企业尤其是中高管的工作，还要清晰地认识到培训出效果不是靠企业大学单方努力就可以实现的，还需要领导层和业务层的参与，需要他们在日常工作中去推动落地。所以，企业大学的从业人员要思考这几个问题：在工作中如何站在企业的角度去思考问题？在项目中如何让企业能够参与进来？在日常中如何与企业建立情感账户？

（4）人才培养者：发现和培养精英人才。对于精英人才，发现比培养更重要，因为很多潜质不是培养出来的，而是需要去发现的。那些驱动力强的员工在日常工作中本身也在快速成长。对于企业大学，要向前延伸，与人力资源部共同去招聘、选拔、测评，找到组织发展中需要的优秀人才，然后通过系统、科学的培养模式，加速他们的成长，缩短其胜任周期，以满足组织的发展需要。

企业大学的主要功能需围绕企业的战略及发展目标来设计，企业大学是提升企业竞争力的战略选择。企业大学对企业的战略推动作用还体现在以下两方面：第一，企业大学通过战略目标实现所需要的核心能力识别和辨析，发展出提升这些能力的一系列人才发展项目；第二，企业大学直接参与企业重点项目的建设过程，从培训等方面支持公司的战略重点。

人才培养是企业大学所有功能中最基础的功能。由于企业经营的外部环境不确定性的加剧，技术创新的周期越来越短，企业在市场竞争中取胜日益依赖于人才，因此，所有企业都将吸引人才、培养人才和留住人才作为企业的重要战略。企业对人才的培养包括了与工作相关的知识教育、岗位技能训练，以及结合员工职业发展规划、关键员工的继任计划，通过系统课程、岗位轮换、团队项目、导师辅导、挑战性工作、建立学习社区、在线学习等各种各样的方式促进员工快速成长的活动。在这里，课程学习只是企业大学开发人才的一个组成部分，更重要的是各种方法和措施的综合使用。

（5）知识管理：打造共享平台。企业大学不仅给公司发展以学习支持，而且在推动公司的知识管理中起到重要的作用，为公司提供知识循环和共享的平台，并直接为公司创造价值。企业大学建立后，通过建立系统化的课程体系对公司各种显性知识和散布在企业员工，特别是管理人员和专业技术人员头脑中的隐性知识进行系统的编码，这样就可以将企业的知识不断地沉淀下来；企业大学建立内部讲师队伍，通过内部讲师来开发课程，本身就是对企业知识进行沉淀的一个有效途径；通过企业大学建立案例库，对于分享企业内部的最佳实践，防止重复犯错可以发挥有效作用；企业大学不断传播知识，而且通过员工相互之间的交流和思想碰撞来创造新的知识。由于企业大学广泛采取行动学习法，企业大学的培训实际上已经变成了员工构建新知识，而不是单纯地传播知识。

（6）整合资源：共建生态圈。企业大学对培训资源的整合包含了两大方面：一是在企业内部培训资源的整合，包括课程资源的整合。在一些未建设企业大学的企业，各个部门或分子公司，重复开发一些共同的课程，水平参差不齐，浪费了企业的资源。建立企业大学后，可以在企业层次对共同的课程进行统筹开发，这样既可以节省资源和提高效率，又可以提高培训师的水平。师资整合后，企业将优质的培训资源集中管理，可以使各个部门或者分支机构能够享受到统一的师资资源。二是在企业外部资源整合方面，由于企业大学代表企业与外部高校、专业的培训和咨询公司进行合作，可以获取更优质和优惠的资源。企业大学通过与外部高校的合作，可以不断向企业引入新的观念、知识和方法。企业之间的竞争日益依赖于企业的生态系统之间的竞争，供应商的协同能力、经销商的服务能力以及客户对企业的认同度都会对企业的发展产生影响。企业大学通过向价值链上的供应商、经销商、客户及他们的合作伙伴提供有效的学习解决方案，一方面可以提高这些成员的能力，另一方面可以增强他们对企业的认同度和忠诚度。这是以往的企业培训部门所没有的功能。

（7）企业文化：塑造与传播。企业大学的发展不仅是管理发展的整个过程，而且企业的价值观、文化、学习过程、知识管理和商业的观点使企业组织整体具有更强的适应发展能力。一个企业要变革自己的企业文化，要传播自己的企业文化，企业大学就成为一个非常理想的平台。

企业大学作为组织型学习的最佳手段，是提升企业学习能力和组织职能的最佳平台，使企业由组织型学习升华为学习型组织，并为企业提供求新求变的场所和氛围，不断创造影响未来的变革能力。

3. 企业大学的运营体系

本书从企业大学的教学体系和管理体系两个方面对企业大学的运营体系进行了研究。企业大学对其所具有的推动变革、人才培养、知识管理、文化传播、整合产业链、创新孵化的功能进行了详细的分析，探讨了企业大学如何形成良好的企业学习生态系统，培育企业创新基因，构建强大的企业知识管理系统，促进学习与组织战略绩效结合等问题。

4. 企业大学发展质量评价指标体系

本书基于企业大学评价原则和评价方法的选择，提出了企业大学发展质量评价步骤及方法；根据理论依据与企业大学的功能定位和运营管理，采用 Delphi 法筛选评价指标，分轮咨询，对数据进行收集和分析，确定了基础性、静态性、动态性、目标性 4 个一级评价指标、12 个二级指标、48 个三级指标，构建了最终的发展质量评价指标体系和模糊综合评价模型，同时对山东省企业大学发展质量进行了评价分析。

5. 提升我国企业大学发展质量的建议与对策

一是把握发展机遇，充分利用国家对企业大学的扶持政策，规范企业大学发展；同时，利用信息技术创建有效的学习机制，构筑企业智力平台，打造学习型组织。二是强化战略导向，聚焦企业大学的赋能和支撑企业战略，敏捷响应业务需求。三是提升运营质量，打造以领导力为主的人才培养模式，创新课程建设理念，采取训战结合的方式提供解决方案，最后实施以绩效支持为主的系统化评估。四是协同企业的人才管理，与企业人力资源管理体系完全配套，搭建整合性的人才培养体系。五是搭建非线性学习平台，探索自组织、自学习、自发展的模式，改变学习的路径和链接学习资源的方式。非线性学习平台能够实现基于共同任务、共同爱好和兴趣而创建学习社群的功能。从企业大学的未来发展看，学习联盟的商业模式能更好地解决企业大学面临的主要挑战，通过系统的管理理论配置系统的结构，同时在企业大学内部管理和运营人员以及外部人员的共同合作下，采用圣加仑管理模式进行管理，保证以可持续的方式发展企业大学，以应对当下经济和技术革新冲击下的企业大学发展困境。

第二节　研究不足与展望

本书的不足之处主要体现在以下两个方面：

（1）本书的调查研究样本的大范围筛选尚存在困难，受限于调研资源，仅对符合理论抽样原则的、可展开便利调研的成熟企业大学的案例企业进行了调研。在未来的研究中，可展开更大范围的样本选择和调研，以期能够获取更多的阐释企业大学发展质量评价的理论架构。

（2）对山东省企业大学发展质量的研究，受限于研究时间和资源，主要采用了企业大学内部专家意见征集的方法收集数据。在未来的研究中，可考虑扩大评价主体的范围和对象，增加政府专家、高校专家的征集意见，从不同视角、不同维度进行客观综合评价，其评价结果将更具有说服力。

在本书基础上，下一步对企业大学的运营体系及发展质量评价的研究中，需要进一步结合互联网时代特点对企业大学发展质量评价指标赋予新的内涵，同时对企业大学的转型升级提出前沿性、创新性的发展路径，使研究成果具有一定的针对性和应用性。随着互联网经济的高速发展与繁荣，企业大学作为组织发动机的功能面临更大挑战，价值作用将不断增强，在企业发展中的地位将进一步提升。在当前的便捷学习环境中，如何设计学习项目为学员和组织带来巨大收益已经成为企业大学面临的巨大挑战。从企业大学的发展趋势来看，企业大学的日益智能化将有效推进学习项目和绩效项目的实施，大幅提升协同效率。

企业大学生态系统的最终客户是企业和学员，未来互联网将整合企业大学业态，打造出企业大学智能生态系统；引入动态能力理论，在质量评价体系研究基础上对企业大学的核心竞争力及竞争优势进行研究，进一步扩展和筛选要素指标作为评价指标，提升企业大学战略效能和组织竞争力，提高我国企业大学的发展质量和水平。未来企业大学的资源整合能力将进一步增强，融合政府、高校、企业"三驾马车"并驾齐驱推动人才培养，关注员工的职业发展和终身学习，助推企业实现持续的创新增长。

参考文献

［1］白晓. 知识管理视角下的企业大学建设研究［J］. 企业技术开发，2015，34（28）.

［2］曹仰锋. 海尔转型：人人都是 CEO［M］. 北京：中信出版社，2017.

［3］岑明媛. 企业大学：21 世纪企业的关键战略［M］. 北京：清华大学出版社，2006.

［4］陈澄波，张雷. 移动学习——企业培训的风口［M］. 北京：机械工业出版社，2015.

［5］陈华若，王雯. 德国企业大学概况及发展趋势［J］. 职业技术教育，2020，41（36）.

［6］陈昆玉，张权，吕淑芳. 企业大学的共建与运营——基于"协同共生、产教融合"的视角［J］. 中国高校科技，2020（6）.

［7］陈立. 企业大学：背景、定义与模式［J］. 宁波大学学报（教育科学版），2009，31（2）.

［8］陈歆. XC 电力公司企业大学建设研究［D］. 复旦大学，2009.

［9］陈蕴琦，徐雨森. 企业大学组织资本组合与功能体系的协同演化——华为大学和华润大学的纵向案例分析［J］. 技术经济，2018，37（4）.

［10］陈蕴琦，徐雨森. 知识活动视角下企业大学类型及其支撑能力体系［J］. 科技进步与对策，2019，36（11）.

［11］陈蕴琦. 企业大学组织资本与能力体系研究［D］. 大连理工大

学，2019.

［12］答琳娜．基于人力资本理论的企业大学人才培养模式研究［D］．北京邮电大学，2018.

［13］单青，燕缘．企业大学的未来之路［J］．中国人才，2007（5）.

［14］杜守栓．以课程体系"组合拳"推动企业大学角色转型［J］．中国人力资源开发，2013（4）.

［15］樊伟，段磊，杨奕．企业大学最佳实践与建设方略［M］．北京：中国发展出版社，2013.

［16］范爱文．C 企业大学培训管理体系研究［D］．天津大学，2014.

［17］高鑫．中美企业大学运营模式比较研究［D］．首都师范大学，2013.

［18］邰岭，王丽媛．从培训到学习：现代企业大学的内涵与发展［J］．继续教育，2013，27（9）.

［19］葛明磊，张丽华．企业大学双元能力促进学习项目运营——华为大学的案例研究［J］．管理案例研究与评论，2017，10（6）.

［20］葛明磊．企业大学设计模型的再思考——来自华为大学的案例研究［J］．中国人力资源开发，2016（18）.

［21］官志华，曾楚宏．西方企业创办企业大学的模式比较［R］．中国人力资源开发，2007（3）.

［22］韩丹丹．创建企业大学：从务虚到务实［D］．对外经济贸易大学，2006.

［23］韩树杰．企业大学创造价值的三重境界［J］．中国人力资源开发，2015（4）.

［24］韩数杰．互联网时代企业大学的角色［J］．中国人力资源开发，2014（24）.

［25］侯锷．企业大学战略［M］．北京：人民邮电出版社，2009.

［26］侯文剑．五步构建课程体系［J］．企业管理，2008（6）.

［27］胡国栋，马玥．组织文化与组织寿命关系研究——基于企业、大学与寺院的比较视角［J］．贵州社会科学，2014（9）.

［28］姜益琳．中国企业大学发展研究［J］．南昌：江西师范大学，2012．

［29］杰克·特劳特等．定位［M］．北京：中国财政经济出版社，2002．

［30］鞠伟．如何建成一流企业大学［J］．中国人力资源开发，2014（24）．

［31］乐传永，王清强．企业大学研究综述［J］．职业技术教育，2011，32（1）．

［32］黎加厚．知识管理对网络时代电化教育的启迪（下）［J］．电化教育研究，2001（9）．

［33］李发海，章利勇．组织发动机：中国企业大学最佳实践［M］．北京：电子工业出版社，2015．

［34］李林，王红新，周怿．企业大学密码［M］．上海：上海交通大学出版社，2015．

［35］李名梁，陈美红．基于内容分析法的跨国公司企业大学人才培养模式研究［J］．职教论坛，2021，37（10）．

［36］李名梁，王敏波．基于案例视角的跨国公司企业大学发展战略研究［J］．职教论坛，2020（1）．

［37］李名梁，王敏波．跨国公司企业大学知识管理的耦合机制及其路径研究［J］．职教论坛，2020，36（9）．

［38］李名梁．基于平衡记分卡的跨国公司企业大学评价体系构建研究［J］．职教论坛，2017（15）．

［39］李楠．外国企业大学发展研究［D］．华东师范大学，2010．

［40］李雪松．战略驱动的企业大学建设［J］．人力资源管理，2009（5）．

［41］李亚军，窦志铭，李健艺．企业大学功能演进与职业教育产教融合、校企合作［J］．中国职业技术教育，2019（19）．

［42］李嫣然，柳士彬．企业大学教师学习共同体构建研究［J］．职教论坛，2021，37（1）．

［43］厉轩．互联网时代企业大学人才培养现状及特征［D］．华东师范大学，2016．

［44］栗惠娟．企业大学及其核心竞争力［J］．企业改革与管理，2016

（7）．

［45］刘春雷，吴峰，董焱．知识视角下的企业大学研究［J］．现代远程教育研究，2010（6）．

［46］刘春雷，吴峰．企业大学的发展定位与价值实现——以中国电信学院为例［J］．现代远程教育研究，2011（5）．

［47］刘春雷．高等教育视野中的企业大学研究［D］．南京大学，2013.

［48］刘松博，魏丽丽．论中国企业大学的发展策略——以美国经验为背景的分析［J］．财经问题研究，2008（4）．

［49］刘涛．"互联网+"时代的企业转型方法常新理念不变［J］．人民邮电，2016（3）．

［50］刘一璇．智能教育背景下企业大学的发展路径［J］．成人教育，2020，40（6）．

［51］刘颖，吴峰．企业大学逻辑：基于个案的设计模型［J］．中国人力资源开发，2014（24）．

［52］鲁若愚，傅家骥，王念星．企业大学合作创新混合属性及其影响［J］．科学管理研究，2004（3）．

［53］路江涌．共演战略：重新定义企业生命周期［M］．北京：机械工业出版社，2018.

［54］罗国峰，姚璇．浅析企业大学的知识管理功能［J］．情报探索，2009（3）．

［55］罗建河，聂伟．我国企业大学发展的背景、现状与前景［J］．职业技术教育，2010，31（7）．

［56］罗建河．国外企业大学的发展与启示［J］．高教探索，2011（1）．

［57］马俊，杨斌．高绩效企业大学构建的思考［J］．中国人力资源开发，2014（5）．

［58］（美）迈克尔·波特．竞争优势［M］．北京：中信出版社，2014.

［59］（英）迈克尔·吉本斯等．知识生产的新模式——当代社会科学与研究的动力学［M］．北京：北京大学出版社，2011.

［60］梅洁．定位企业大学的价值［J］．中国远程教育，2012（3）．

［61］孟伟．山东能源集团企业大学运营体系研究［D］．山东大学，2016.

［62］倪健．MOOC 在普通高校公共体育教学中的应用研究［D］．华东师范大学，2019.

［63］倪良新．中小企业学习抑制与中小企业大学构建［J］．滁州学院学报，2014，16（3）．

［64］钮钦，谢友宁．知识服务观下企业大学信息生态系统建构及平衡管理［J］．现代远程教育研究，2013（4）．

［65］潘娜．企业大学的运作模式及发展趋势［D］．北京邮电大学，2008.

［66］彭剑锋，云鹏．海尔能否重生：人与组织关系的颠覆与重构［M］．杭州：浙江大学出版社，2016.

［67］齐齐，李辉，冯蛟．知识管理视角下高新技术企业的人力资源开发策略——以 D 企业为例［J］．中国人力资源开发，2015（6）．

［68］乔学军．课程与评估中国企业大学的短板［J］．北大商业评论，2007（7）．

［69］秦敏，项国雄．中国企业大学的经营模式及发展趋势［J］．商场现代化，2007（5）．

［70］秦沐阳等．互联网时代的浪漫与痛痒［M］．成都：电子科技大学出版社，2015.

［71］邱昭良．企业大学如何支持绩效改进［J］．培训，2014（9）．

［72］任丽娟．基于知识管理的企业大学课程体系建设研究［D］．南昌大学，2011.

［73］任之光，张彦通．企业大学的发展与思考［J］．高等工程教育研究，2009（1）．

［74］宋西玲．基于成人教育视角的企业大学发展研究［J］．湖北大学成人教育学院学报，2012，30（5）．

［75］宋晔，毕结礼．变革中的中国企业大学理论与实践［M］．北京：中国人民大学出版社，2016.

［76］孙科柳，易生俊，陈林空．华为你学不会［M］．北京：中国人民大学出版社，2016.

［77］覃宇．构建企业学习地图夯实人才发展根基［J］．继续教育，2016，30（7）．

［78］田俊国，杨业松，刘智勇．玩转行动学习：用友大学最佳实践揭秘［M］．北京：电子工业出版社，2016.

［79］田俊国．上接战略，下接绩效：培训就该这样搞［M］．北京：北京联合出版公司，2013.

［80］田勇．建业集团企业大学运营管理问题研究［D］．陕西师范大学，2014.

［81］田园．企业大学教学管理模式研究［D］．天津大学，2014.

［82］（美）托夫勒．权力的转移［M］．北京：中信出版社，2006.

［83］汪江．虚拟企业大学的基本特征与创建原则［J］．中国人力资源开发，2007（6）．

［84］王成，王玥，陈澄波．从培训到学习——人才培养和企业大学的中国实践［M］．北京：机械工业出版社，2010.

［85］王继新．非线性学习：数字化时代的学习创新［M］．北京：高等教育出版社，2012.

［86］王丽媛．持续学习是企业大学发展的实践成果［J］．中国培训，2013（10）．

［87］王清强，叶长胜，汤海明．企业大学教师标准的失范与重构［J］．职教论坛，2020，36（10）．

［88］王世英，吴能全，闫晓珍．培训革命：世界著名公司企业大学的最佳实践［M］．北京：机械工业出版社，2008.

［89］王世英．企业大学做什么——企业大学功能及其对组织学习能力的影响研究［M］．北京：经济科学出版社，2011.

［90］王伟．企业大学：职工培训新途径［J］．中国培训，2002（3）．

［91］王雯，陈华若．我国企业大学发展及趋势刍议——基于2008—2018年

研究文献的统计分析［J］. 职业技术教育，2018，39（32）.

　　［92］吴春波，于强. 从学习力走向竞争力——基于战略的企业大学运营体系探讨［J］. 中国人力资源开发，2009（3）.

　　［93］吴峰，白银. 企业大学发展及趋势研究［J］. 高等工程教育研究，2012（4）.

　　［94］吴峰，江凤娟. 工作场所数字化学习：特征、价值与模式［J］. 教育研究，2017，38（3）.

　　［95］吴峰，李杰. "互联网+"时代中国成人学习变革［J］. 开放教育研究，2015（5）.

　　［96］吴峰，李元明，熊春苗. 企业 E-Learning 实施与活动设计个案研究［J］. 现代远程教育研究，2010（2）.

　　［97］吴峰. e—Learning：信息化时代学习利器——e-Learning 的现状和发展趋势［J］. 人力资源管理，2011（5）.

　　［98］吴峰. 基于场论的企业大学模型［J］. 现代远程教育研究，2012（3）.

　　［99］吴峰. 论企业大学的功能创新［J］. 中国培训，2013（4）.

　　［100］吴峰. 企业 E-Learning 的未来［J］. 中国远程教育，2010（4）.

　　［101］吴峰. 企业大学：当代终身教育的创新［J］. 北京大学教育评论，2016，14（3）.

　　［102］吴峰. 企业大学发展的政策建议分析［J］. 现代企业教育，2013（21）.

　　［103］吴峰. 企业大学评估指标体系建构及定量分析［J］. 现代远程教育研究，2012（6）.

　　［104］吴峰. 企业大学研究：基于学习创新的视角［M］. 北京：北京大学出版社，2013.

　　［105］吴峰. 企业大学研究的国际视野：概念、模型与趋势［J］. 开放教育研究，2014，20（1）.

　　［106］吴峰. 企业数字化学习的十大发展主题［J］. 现代远程教育研究，

2010（3）.

［107］吴峰．企业知识的生产车间：企业 MOOC 的现状、特征与展望
［J］．远程教育杂志，2015（3）.

［108］吴峰．学习与战略结合的新型组织——企业大学［J］．中国远程教
育，2011（5）.

［109］吴峰．终身学习在行业中的发展趋势——企业大学与企业 E-learning
［J］．中国远程教育，2012（3）.

［110］吴益群，李进．基于"共同体"理论的企业大学共建构想［J］．中
国职业技术教育，2018（22）.

［111］吴钟海，刘昕．企业大学特征分析及其移动知识管理体系研究
［J］．领导科学，2013（29）.

［112］向文波．校企双主体育人模式探究与实践［J］．中国高等教育，
2019（10）.

［113］徐曼．组织战略导向下的企业大学构建研究［J］．河北师范大学学
报（教育科学版），2014，16（1）.

［114］徐湄．刍议家具企业大学的主要特征及类型［J］．集团经济研究，
2006（9）.

［115］徐培凌．企业大学对高等教育创新发展的启示［J］．中国成人教育，
2015（21）.

［116］徐伟，蔡瑞林．交易成本：校企共同体产业学院治理的关键［J］.
中国职业技术教育，2018（9）.

［117］徐霄红．创新校企协同的技术技能积累模式——基于企业大学的对标
分析［J］．中国高教研究，2016（5）.

［118］徐雨森，陈蕴琦．企业大学的功能体系及其演进过程研究——海尔大
学和华为大学的纵向案例分析［J］．科学学与科学技术管理，2018，39（2）.

［119］许红军等．企业大学移动学习生态系统构建研究［J］．中国人力资
源开发，2014（5）.

［120］许水平．科技中介功能及提升路径研究［D］．南昌大学，2014.

［121］薛晶．跨越式发展中的企业大学建构研究［D］．首都经济贸易大学，2011．

［122］尉玮．基于人力资本投资理论的企业大学运作模式与发展趋势探析［D］．北京交通大学，2010．

［123］尹积军．如何构建助力公司发展的现代企业大学［J］．中国人力资源开发，2014（22）．

［124］袁锐锷，文金桃．美国企业大学现象透视［J］．华南师范大学学报（社会科学版），2002（4）．

［125］张德，段苏桓．办好企业大学的三个诀窍［J］．中国人力资源开发，2009（9）．

［126］张宏亮，袁悦，何波．组织系统变革视角下企业大学的演化模式研究——以骑士商学院为例［J］．管理案例研究与评论，2016，9（6）．

［127］张竞．公司大学功能述评［J］．科研管理，2003（10）．

［128］张竞．企业大学研究［M］．北京：经济科学出版社，2011．

［129］张龙等．基于人才强企战略的虚拟企业大学构建——以国网苏电大学为例［J］．中国人力资源开发，2014（22）．

［130］张善勇．转型时代：重新思考企业大学［J］．现代企业教育，2014（5）．

［131］张维智，厉以宁，单忠东．新型企业大学探索与构建：企业进化工程室［M］．北京：经济科学出版社，2012．

［132］张扬，李泽琳．企业大学研究刍议［J］．河北师范大学学报（教育科学版），2019，21（2）．

［133］赵呈领，李红霞，赵刚，狄冰冰，刘国颖．双重理念指引下企业大学智慧学习空间的创新发展［J］．电化教育研究，2019，40（11）．

［134］赵静．腾讯企业大学建设实践和发展模式研究［D］．华中科技大学，2009．

［135］赵婉彤．推动建立高绩效组织文化：企业大学的使命［J］．中国远程教育，2012（3）．

［136］赵晓兰．美国企业大学运营体系研究［D］．宁波大学，2011．

［137］赵宣．美国企业大学人才培养模式研究［D］．天津大学，2018．

［138］郑晓明，丁玲，欧阳桃花．双元能力促进企业服务敏捷性——海底捞公司发展历程案例研究［J］．管理世界，2012（2）．

［139］周江林．企业大学创建与发展的战略思考［J］．中国高等教育评估，2005（4）．

［140］周岩．企业大学功能对组织学习能力的影响研究［D］．西南财经大学，2013．

［141］朱国玮，左阿琼．基于企业大学视角的知识转移研究［J］．中国软科学，2010（5）．

［142］（日）竹内弘高，野中郁次郎．知识创造的螺旋：知识管理理论与案例研究［M］．北京：知识产权出版社，2006．

［143］庄文静．"诊断"中国企业大学［J］．中外管理，2014（1）．

［144］庄辛鑫，戴心来．教育技术专业人才培养新方向——由企业大学的快速发展引发的思考［J］．现代教育技术，2012，22（3）．

［145］邹琳．自主创新企业大学模式研究［D］．中央民族大学，2013．

［146］Abel.，Amy，L.，L. Jessica. Exploring the Corporate University Phenomenon：Development and Implementation of a Comprehensive Survey［J］. Human Resource Development Quarterly，2012，23（1）．

［147］Akram A.，El－Tannir. The Corporate University Model for Continuous Learning Training and Development［J］. Education Training，2002（2）．

［148］Allison Rossett. Job Aids And Performance Support［M］. Wiley，2006．

［149］Antonelli G.，G. Cappiello，G. Pedrini. The Corporate University in the European Utility Industries［J］. Utilities Policy，2013（25）．

［150］Barley K. Adult Learning in the Workplace：A Conceptualization and Model of the Corporate University［R］. Faculty of Virginia Polytechnic Institute State University，1998．

［151］Barley K. Corporate Universities Structures That Reflect Organizational Cultures, in The Corporate University Handbook, 2002.

[152] Bassi L. J. Harnessing the Power of Intellectual Capital [J] . Training and Development, 1997, 51 (12) .

[153] Becker B., Huselid M. A., Ulrich D. The HR Scorecard: Linking People, Strategy and Performance [M] . Boston: Harvard Business School Press, 2001.

[154] Blass E. The Rise and Rise of the Corporate University [J] . Journal of European Industrial Training, 2005, 29 (1) .

[155] Christopher P., S. Jim. Corporate Universities – ananalytical Framework [J] . Journal of Management Development, 2002 (10) .

[156] Clare S. An Exploratory Study of Corporate Universities in China [J] . Journal of Workplace Learning, 2007 (4) .

[157] Dealtry R. Case Research into Corporate University Developments [J] . Journal of Workplace Learning, 2000 (6) .

[158] Dealtry R. How to Configure the Corporate University for Success [J] . Journal of Workplace Learning, 2001.

[159] Dealtry R. Managing Intellectual Leadership in Corporate Value [J] . Journal of Workplace Learning, 2001, 13 (5) .

[160] Dealtry R. The Corporate University's Role in Managing an Epoch in Learning Organization Innovation [J] . Journal of Workplace Learning, 2006, 18 (5) .

[161] Eddie Blass. What's in a Name? A Comparative Study of the Traditional Public University and the Corporate University [J] . Human Resource Development International, 2001 (2) .

[162] Edward Sallis, Gary Jones. Knowledge Management in Education: Enhancing Learning and Education [M] . London: Kogan Page, 2002.

[163] Eric S. Developing a Robust Model of the Virtual Corporate University [J] . Journal of Knowledge Management, 1997 (3) .

[164] E. G. K. The Corporate University: A Model for Sustaining an Expert

Workforce in the Human Services [J] . Behavior Modification, 2005 (5) .

[165] Feng Wu, Xiaolei Zhang. Employees' Positions in Virtual Working Community and Their Job Performances: A Social Network Analysis [J] . Human Resource Development International, 2014, 17 (2) .

[166] Feng Wu. Corporate E-learning Research on some cases [C] . Beijing Forum, 2011.

[167] Feng Wu. , T. Xiaoping, J. Ronald L. Case Studies of Knowledge Management in Corporate Universities in China [C] . The 2015 AHRD International Research Conference, 2015.

[168] Feng Wu. Empirical Research of Enterprise E - learning in China [C] . 2013 International Conference of Educational Innovation through Technology. Tsinghua University Press, 2013.

[169] Gordon Petrash. Dow's Journey to a Knowledge Value Management Culture [J] . European Management Journal, 1996, 14 (4) .

[170] Guerci M. , E. Bartezzaghi, L. Solari. Training Evaluation in Italian Corporate Universities: A Stakeholder - based Analysis [J] . International Journal of Training and Development, 2010, 14 (4) .

[171] Harrison H. V. F. Knowledge Management Excellence: The Art of Excelling in Knowledge Management [M] . Paton Professional, 2006.

[172] Holland P. , A. Pyman. Corporate Universities: A Catalyst for Strategic Human Resource Development [J] . Journal of European Industrial Training, 2006, 30 (1) .

[173] Homan G. , A. Macpherson. E - learning in the Corporate University [J] . Journal of European Industrial Training, 2005 (1) .

[174] Jansink F. , K. Kwakman, J. Streumer. The Knowledge-productive Corporate University [J] . Journal of European Industrial Training, 2005, 29 (1) .

[175] Jeanne C. Meister. Corporate Universities: What Works and What Doesn't [J] . Chief Learning Officer, 2006 (3) .

［176］Jonas H. , K. Thomas. The Business Model Concept: Theoretical Underpinnings and Empirical Illustrations ［J］. European Journal of Information Systems, 2003（12）.

［177］June X. Q. Corporate Universities in China: Processes Issues and Challenges ［J］. Journal of Workplace Learning, 2009（2）.

［178］J. M. J. C. M. Ten Steps to Creating a Corporate University ［J］. Training Development, 1998, 11（52）.

［179］Karen B. Learning as a Competitive Business Variable ［M］. The Next Generation Corporate University, Oversea Publishing House, 2007.

［180］Larry A. Roesner, Stuart G. Walesh. Corporate Universities: Consulting Firm Case Study ［J］. Journal of Management In Engineerin, 1998（2）.

［181］Li J. A. M. Emergence of Corporate Universities ［C］. The Fifth Academy of Human Resource Development Asian Research Conference, 2006.

［182］Linder J. S. C. Changing Business Models: Surveying the Landscape ［D］. Accenture Institute for Strategic Change, Cambridge, 2001.

［183］Lucie M. , R. Stéphane. Participation in Corporate University Training: Its Affection Individual Job Performance ［J］. Canadian Journal of Administrative Sciences/Revue Canadienne Sciences Administration, 2009（4）.

［184］Macpherson A. , G. Homan, K. Wilkinson. The Implementation and Use of E-learning in the Corporate University ［J］. Journal of Workplace Learning, 2005, 17（1/2）.

［185］Maike A. Diversity Learning Knowledge Diversity and Inclusion: Theory and Practice as Exemplified by Corporate Universities ［J］. Equal Opportunities International, 2007（8）.

［186］Marc J. Rosenberg. E-Learning ［M］. McGraw-Hill, 2000.

［187］March J. G. Exploration and Exploitation in Organizational Learning ［J］. Organization Science, 1991, 2（1）.

［188］Mark Allen. Assessing Effectiveness in Four Corporate Universities ［M］.

Los Angeles: University of Southern California, 2009.

［189］ Mark A. The Corporate University Handbook: Designing, Managing and Growing a Successful Program ［G］. HR Magazine, 2002.

［190］ Mark Weiser. The Computer for the 21st Century ［J］. Scientific American, 1991 (9).

［191］ Martyn Rademakers, Nicoline Huizinga. How Strategic Is Your Corporate University ［J］. The New Corporate University Review, 2006 (6).

［192］ Masannat J. How Should We Measure the Effectiveness of Our Corporate University Programs ［R］. Cornell University ILR School Digital Commons @ ILR Student Works ILR Collection Spring, 2014.

［193］ Max Weber. The Theory of Social and Economic Organization ［M］. New York: Oxford University Press, 1947.

［194］ Meister J. Corporate Universities: Lessons in Building a World – class Workforce ［M］. New York: McGraw-Hill, 1998.

［195］ Minhong Wu. , C. Chi-Cheng, W. Feng. Technology for Higher Education ［J］. Adult Learning and Human Performance. Knowledge Management & E – learning, 2013 (3).

［196］ Morey D. M. M. T. Knowledge Management: Classic and Contemporary Works ［M］. Cambridge: MIT Press, 2002.

［197］ M. S. , M. Kimberly L. , R. Samantha. Using Corporate Universities to Facilitated Knowledge Transfer and Achieve Competitive Advantage: An Exploratory Model Based on Media Richness and Type of Knowledge to be Transferred ［J］. International Journal of Knowledge Management (IJKM), 2009 (4).

［198］ Newell M. D. The Corporate University and Training: Return on Investment ［M］. Proquest Llc. , 2013.

［199］ Nixon J. C. , M. M. Helms. Corporate Universities vs Higher Education Institutions ［J］. Industrial and Commercial Training, 2002, 34 (4).

［200］ O. R. , Tushman. Organizational Ambidexterity: Past, Present and Future

［J］. The Academy of Management Perspective, 2013, 27（4）.

［201］Prince C., Beaver C. The Rise and Rise of the Corporate University: The Emerging Corporate Learning Agenda ［J］. The International Journal of Management Education, 2001（2）.

［202］Rademakers M. Corporate Universities: Driving Force of Knowledge Innovation ［J］. The Journal of Workplace Learning, 2005, 17（1/2）.

［203］Rhéaume L., M. Gardoni. The Challenges Facing Corporate Universities in Dealing with Open Innovation ［J］. Journal of Workplace Learning, 2015, 27（4）.

［204］Rhéaume L., M. Gardoni. Strategy – making for Innovation Management and the Development of Corporate Universities ［J］. International Journal on Interactive Design and Manufacturing（IJIDeM）, 2016, 10（1）.

［205］Richard D. Strategic Directions in the Management of the Corporate University Paradigm ［J］. Journal of Workplace Learning, 2000.

［206］Sue S. The Corporate University: Global or Local Phenomenon? ［J］. Journal of European Industrial Training, 2005（1）.

［207］Timmers P. Business Models for Electronic Markets ［J］. Elecronic Market, 1998（2）.

［208］Weill P., M. Vitale. Place to Space ［M］. Harvard Business School Press, 2001.

［209］White A. The Corporate University: Meeting the Learning Needs of a Changing Workforce ［J］. Strategic HR Review, 2009, 8（4）.

［210］White D. Knowledge Mapping and Management ［M］. Idea Group Inc. （IGI）, 2002.

附　件

附件 1　企业大学发展质量评价指标问卷调查表

尊敬的专家：

您好！感谢您的配合。本调查表是确定企业大学质量评价指标权重的问卷调查，十分感谢您的参与！

请您根据自己的经验和企业大学的实际，审核指标的合理性，以及是否需要修改指标名称。

指标体系说明：企业大学发展质量评价指标由一级指标和二级指标构成：一级指标是企业大学所涉及的基础性、静态性、动态性、目标和社会属性五个评价指标；二级指标是一级指标对应的关注点，分别涉及战略性、经济性、组织学习、学习体系、学习技术、合作联盟、领导力、人才发展、组织知识、品牌影响力、绩效与变革和社会责任 12 个评价指标。同时，在二级指标的基础上，设置具体的三级指标，分别涉及目标一致性、业务一致性、学习指导委员会等 48 个评价指标。

企业大学发展质量评价指标问卷调查表

一级指标	修改	二级指标	修改	三级指标	修改
基础性		战略性		目标一致性	
				业务一致性	
				学习指导委员会	
				校长	
				经费投入	
		经济性		财务管理模式	
				相对独立性	
				盈利性	
静态性		组织学习		学习设施	
				学习制度	
				学习环境	
				机构设置	
				学习规划	
				学习密度和深度	
		学习体系		设计体系	
				师资体系	
				资源体系	
				评估体系	
				运营体系	
		学习技术		E-Learning	
				虚拟社区	
				社会化学习	
				学习方法	
		合作联盟		全球化	
				产业链合作	
				供应商合作	
				与大学、政府、协会合作	

一级指标	修改	二级指标	修改	三级指标	修改
动态性		领导力		领导力课程体系	
				领导力开发	
				继任计划	
		人才发展		胜任力	
				职业生涯规划	
				新员工培训	
				个性化学习	
				主动学习	
		组织知识		出版物	
				信息化知识	
				知识管理	
				知识共享	
		品牌影响力		品牌开发	
				学习黏性/学习者忠诚度	
				社会影响力	
目标		绩效与变革		绩效支持	
				组织变革	
				企业文化	
社会属性		社会责任		社会教育	
				资源共享	
				教育资助	

附件 2　企业大学发展质量评价指标权重问卷调查表

尊敬的专家：

您好！感谢您的配合。本调查表是确定企业大学质量评价指标权重的问卷调查，十分感谢您的参与！

请您根据自己的经验和企业大学的实际，对各级指标进行权重赋值。根据层

企业大学运营体系及发展质量评价研究

次分析法，在同一个层次对影响因素的重要性进行两两比较。衡量尺度分为 9 个等级，分别为 1~9 的数值，具体释义如下所示：

标度	含义
1	表示两个因素相比，具有相同重要性
3	表示两个因素相比，前者比后者稍微重要
5	表示两个因素相比，前者比后者明显重要
7	表示两个因素相比，前者比后者强烈重要
9	表示两个因素相比，前者比后者极端重要
2，4，6，8	表示上述相邻判断的中间值
倒数	如果因素 Y_i 和因素 Y_j 的重要性之比为 a_{ij}，那么因素 Y_j 和因素 Y_i 的重要性之比为 $a_{ij}=1/a_{ij}$

企业大学发展质量评价指标权重问卷调查表

一级指标	指标权重	二级指标	指标权重	三级指标	指标权重
基础性		战略性		规划对接	
				业务协同	
				决策委员会	
				校长影响力	
				经费投入	
		经济性		财务管理模式	
				相对独立性	
				盈利性	
静态性		组织学习		学习设施	
				学习制度	
				学习环境	
				机构设置	
				学习规划	
				学习密度和深度	
		学习体系		培养体系	
				课程体系	
				师资体系	
				评估体系	
				保障体系	

一级指标	指标权重	二级指标	指标权重	三级指标	指标权重
静态性		学习技术		E-Learning	
				虚拟社区	
				社会化学习	
				学习方法	
		合作联盟		全球化	
				产业链合作	
				供应商合作	
				产教融合	
动态性		领导力		领导力课程体系	
				领导力开发	
				继任计划	
		人才发展		胜任力	
				职业生涯规划	
				新员工培训	
				个性化学习	
				主动学习	
		组织知识		创新成果	
				知识创新	
				知识管理	
				知识共享	
		品牌影响力		品牌开发	
				学习黏性	
				社会影响力	
目标性		绩效与变革		绩效支持	
				组织变革	
				文化传承	
		社会责任		社会教育	
				资源共享	
				教育资助	

附件3 山东省5所企业大学质量评价因素权重得分表

山东省5所企业大学质量评价因素权重得分表

一级指标	权重	二级指标	权重	三级指标	权重
1. 基础性	0.3878	1.1 战略性	0.2471	1.1.1 规划对接	0.0488
				1.1.2 业务协同	0.0487
				1.1.3 决策委员会	0.0488
				1.1.4 校长影响力	0.0522
				1.1.5 经费投入	0.0486
		1.2 经济性	0.1259	1.2.1 财务管理模式	0.0521
				1.2.2 相对独立性	0.0488
				1.2.3 盈利性	0.0250
2. 静态性	0.2561	2.1 组织学习	0.1010	2.1.1 学习设施	0.0257
				2.1.2 学习制度	0.0296
				2.1.3 学习环境	0.0102
				2.1.4 机构设置	0.0101
				2.1.5 学习规划	0.0148
				2.1.6 学习密度和深度	0.0106
		2.2 运营体系	0.0658	2.2.1 培养体系	0.0114
				2.2.2 课程体系	0.0152
				2.2.3 师资体系	0.0158
				2.2.4 评估体系	0.0116
				2.2.5 保障体系	0.0118
		2.3 学习技术	0.0655	2.3.1 E-Learning	0.0213
				2.3.2 虚拟社区	0.0158
				2.3.3 社会化学习	0.0157
				2.3.4 学习方法	0.0127
		2.4 合作联盟	0.0386	2.4.1 全球化	0.0102
				2.4.2 产业链合作	0.0116
				2.4.3 供应商合作	0.0115
				2.4.4 产教融合	0.0053

一级指标	权重	二级指标	权重	三级指标	权重
3. 动态性	0.2359	3.1 领导力	0.0416	3.1.1 领导力课程体系	0.0148
				3.1.2 领导力开发	0.0121
				3.1.3 继任计划	0.0147
		3.2 人才发展	0.0817	3.2.1 胜任力	0.0155
				3.2.2 职业生涯规划	0.0166
				3.2.3 新员工培训	0.0131
				3.2.4 个性化学习	0.0189
				3.2.5 主动学习	0.0176
		3.3 组织知识	0.0713	3.3.1 创新成果	0.0126
				3.3.2 知识创新	0.0213
				3.3.3 知识管理	0.0161
				3.3.4 知识共享	0.0213
		3.4 品牌影响力	0.0413	3.4.1 品牌开发	0.0139
				3.4.2 学习黏性	0.0142
				3.4.3 社会影响力	0.0132
4. 目标性	0.1202	4.1 绩效与变革	0.0701	4.1.1 绩效支持	0.0199
				4.1.2 组织变革	0.0201
				4.1.3 文化传承	0.0301
		4.2 社会责任	0.0501	4.2.1 社会教育	0.0121
				4.2.2 资源共享	0.0271
				4.2.3 教育资助	0.0109